见识城邦

更新知识地图　拓展认知边界

讲给大家的中国历史

—06—

大分裂时代

杨 照－著

中信出版集团 | 北京

图书在版编目（CIP）数据

讲给大家的中国历史. 6, 大分裂时代 / 杨照著. --北京 : 中信出版社, 2019.3（2025.12重印）
ISBN 978-7-5086-9961-5

Ⅰ. ①讲… Ⅱ. ①杨… Ⅲ. ①中国历史－通俗读物
Ⅳ. ①K209

中国版本图书馆CIP数据核字(2019)第015987号

本书仅限中国大陆地区发行销售

讲给大家的中国历史06：大分裂时代

著　　者：杨　照
出版发行：中信出版集团股份有限公司
（北京市朝阳区东三环北路27号嘉铭中心　邮编　100020）
承 印 者：北京通州皇家印刷厂

开　　本：880mm×1230mm　1/32　　印　　张：12.5　　字　　数：253千字
版　　次：2019年3月第1版　　印　　次：2025年12月第11次印刷
书　　号：ISBN 978-7-5086-9961-5
定　　价：48.00元

目 录

第二讲 《人物志》与《世说新语》里的中古中国

第三讲 佛教东来与中国思想大变迁

第五讲　门第贵族与六朝经济

第六讲　六朝诗歌的新形式与陶渊明

第八讲 重新认识“五胡乱华”

第九讲 北魏入主中原及其统治

第十讲　北魏的变革和瓦解

总　　序

重新认识中国历史

01

钱穆（宾四）先生自学出身，没有学历，没有师承，很长一段时间在小学教书，然而他认真阅读并整理了古书中几乎所有春秋、战国时期相关史料，写成了《先秦诸子系年》一书。钱穆之所以写这样一本考据大书，很重要的刺激来自名噪一时的《古史辨》。钱穆认为，以顾颉刚为首的这群学者"疑古太过"，带着先入为主的有色眼光看中国古代史料，处处寻觅伪造作假的痕迹，没有平心静气尽量客观做好查考比对文献的基本功夫。功夫中的功夫、基本中的基本，是弄清楚这些被他们拿来"疑古辨伪"的材料究竟形成于什么时代。他们不愿做不能做，以至于许多推论必定流于意气、草率，于是钱穆便以一己之力从根做起，竟然达成将大部分史料精确排比到可以“编年”的成就。

很明显，《先秦诸子系年》的成就直接打击了《古史辨》的可信度。当时任职燕京大学，在中国学术界意气风发引领风骚的顾颉刚读了《先秦诸子系年》，也立刻理解了钱穆的用意。他的反应是什么？他立刻推荐钱穆到广州中山大学教书，还邀请钱穆为《燕京学报》写稿。中山大学钱穆没有去，倒是替《燕京学报》写了《刘向歆父子年谱》，钱穆说：“此文不啻特与颉刚诤议，颉刚不介意，既刊余文，又特推荐余在燕京任教。”

这是个“民国传奇”。里面牵涉那个时代学者对于知识学问的热情执着，也牵涉那个时代学者的真正风范，还牵涉那个时代学院重视学识高于重视学历的开放氛围。没有学历的钱穆在那样的环境中，单靠学问折服了潜在的论敌，得以进入当时的最高学府任教。

这个传奇还有后续。钱穆后来从燕京大学转往北大。“中国通史”是当时政府规定的大学历史系必修课，北大历史系惯常的做法，是让系里每个老师轮流排课，将自己擅长的时代或领域浓缩在几堂课中教授，用这种方式来构成“中国通史”课程。换句话说，大家理所当然地认为“中国通史”就是由古至今不同断代的中国历史接续起来，顶多再加上一些跨时代的专史。

可是，被派去教授“中国通史”课堂秦汉一段历史的钱穆，不同意这个做法。他公开对学生表达了质疑：不知道前面的老师说了什么，也不知道后面的老师要说什么，每个老师来给学生片断的知识，怎么可能让学生贯通地理解中国历史？学生被钱穆说服了，也是那个时代的精神。学生认为既然不合理就该要求改，系里也同意既然批评反对得有道理就该改。

怎么改？那就将“中国通史”整合起来，上学期由钱穆教，下学期则由系里的中古史大学者陈寅恪教。这样很好吧？问了钱穆，钱穆却说不好，而且明白表示，他希望自己一个人教，而且有把握可以自己一个人教。

这是何等狂傲的态度？本来只是个小学教员，靠顾颉刚提拔才破格到北大历史系任职的钱穆，竟然敢排挤数不清精通多少种语言、已经是中古史权威的大学者陈寅恪，自己一个人独揽教“中国通史”的工作。他凭什么？他有资格吗？

至少那个年代的北大历史系觉得钱穆有资格，依从他的意思，让他自己一个人教“中国通史”。钱穆累积了在北大教“中国通史”的经验，后来在抗战中随西南联大避居昆明时，埋首写出了经典史著《国史大纲》。

02

由《国史大纲》的内容及写法回推，我们可以明白钱穆坚持一个人教“中国通史”，以及北大历史系让他教的理由。那不是他的狂傲，而是他对于什么是“通史”提出了当时系里其他人没想到的深刻认识。

用原来的方式教的，是“简化版中国历史”，不是“中国通史”。“中国通史”的关键，当然是在“通”字，而这个“通”字显然来自太史公司马迁的“通古今之变”。司马迁的《史记》包纳了两千多年，如此漫长的时间中发生过那么多的事，对于一个史家最大的挑战，不在于如何收集两千多年来留下来的种种资料，而在于如何从庞大的资料中进行有意义的选择，从中选择什么，又放弃什么。

关键在于“有意义”。只是将所有材料排比出来，呈现的势必是偶然的混乱。许多发生过的事，不巧没有留下记录；留下记录可供后世了解的，往往琐碎零散。更重要的是，这些偶然记录下来的人与事，彼此之间有什么关联呢？如果记录是偶然的，人与人、事与事之间也没有什么关联，那为什么要知道过去发生了什么？

史家的根本职责就在于有意识地进行选择，并且排比、串联所选择的史料。最简单、最基本的串联是因果解释，从过去发生的事情中去挖掘、去探索“因为／所以”：前面有了这样的现象，以至于后来有了那样的发展；前面做了这样的决定，以至于后来有了那样的结果。排出“因为／所以”来，历史就不再是一堆混乱的现象与事件，人们阅读历史也就能够借此理解时间变化的法则，学习自然或人事因果的规律。

“通古今之变”，就是要从规模上将历史的因果解释放到最大。之所以需要像《史记》那样从文明初始写到当今现实，是因为这是人类经验的最大值，也就提供了从过往经验中寻找出意义与智慧的最大可能性。我们能从古往今来的漫长时间中找出什么贯通原则或普遍主题呢？或者通过消化漫长时间中的种种记录，我们如何回答那些只有放在历史长河里才能回答的关键问题呢？

这是司马迁最早提出的“通古今之变”理想，应该也是钱穆先生坚持一个人从头到尾教“中国通史”的根本精神价值来源。“通史”之“通”在于建立一个有意义的观点，帮助学生、读者从中国历史中看出一些特殊的贯通变化。这是众多可能观点中的一个，借由历史的叙述与分析能够尽量表达清楚，因而也必然是“一家之言”。不一样的人研究历史会看到、突显不同的重点，提出不同的解释。如果是不同时代、不同主题就换不同人从不同观点来讲，那么追求一贯“通古今之变”的理想与精神就无处着落了。

03

这也是我明显不自量力一个人讲述、写作一部中国历史的勇气来源。我要说的，是我所见到的中国历史，从接近无穷多的历史材料中，有意识、有原则地选择出其中一部分，讲述如何认识中国历史的一个故事。我说的，只是众多中国历史可能说法中的一个，有我如此述说、如此建立“通古今之变”因果模式的道理。

一言以蔽之，这个道理是“重新认识”。通过学校教育、普遍阅读或大众传媒，一些读者对中国历史有了一些基本常识和刻板印象。我试图做的，是邀请这样的读者来“重新认识”中国历史，来检验一下你以为的中国历史和事实史料及史学研究所呈现的，有多大的差距。

在选择中国历史叙述重点时，我会优先考虑那些史料或史学研究上扎实可信，却和一般常识、刻板印象不相合甚至相违背的部分。这个立场所根据的，是过去百年来，“新史学”、西方史学诸方法被引进并运用到研究中国历史中所累积的丰富成果。但很奇怪也很不幸的是，这些精彩、有趣、突破性的历史知识与看法，却迟迟没有进入教育体系、没有进入一般人的历史常识中，以至于21世纪的大部分人对中国历史的认识，竟然还依循一百多年前流通的传统说法。“重新认识”的一个目的，就是用这些新发现、新研究成果修正、挑战、取代传统旧说法。

“重新认识”的另一个目的，是回到“为什么学历史”的态度问题上，提供不同的思考。学历史到底在学什么？是学一大堆人名、地名、年代，背诵下来用于考试时答题？这样的历史知识一来在互联网上随时都能查得到，二来和我们的现实生活有什么关联？还是学用现代想法改编的古装历史故事、历史戏剧？这样的历史，固然有现实联结，方便我们投射感情入戏，然而对于我们了解过去、体会不同时代的特殊性，有什么帮助呢？

在这套书中，我的一贯信念是学历史最重要的不是学What——历史上发生了什么，而是要探究How和Why——去了解这些事是如何发生的，为什么会发生。没有What当然无从解释How和Why，历史不可能离开事实叙述只存在理论；然而历史也不可以、不应该只停留在事实叙述上。只叙述事实，不解释如何与为什么，无论将事实说得再怎么生动，也无助于我们从历史而认识人的行为多样性以及个体或集体行为逻辑。

借由述说漫长的中国历史，借由同时探究历史中的如何与为什么，我希望一方面能帮助读者梳理、思考当下的文明、社会是如何形成的，一方面能让读者确切感受到中国文明内在的多元样貌。在时间之流里，中国绝对不是单一不变的，中国人、中国社会、中国文明曾经有过太多不一样的面貌。这些历史上曾经存在的种种面貌，加起来才是中国。在没有如实认识中国历史的丰富变化之前，先别将任何关于中国的看法及说法视为理所当然。

04

这是一套一边说中国历史，一边解释历史知识如何可能的书。我的用心是希望读者不要只是被动地接受这些信息，将其当作斩钉截铁的事实，而是能够在阅读中去好奇、去思考：我们怎么能知道过去发生了什么，又如何去评断该相信什么、怀疑什么？历史知识的来历常常和历史本身同样曲折复杂，甚至更加曲折复杂。

这套书一共分成 13 册，能够成书的最主要原因是台湾“敏隆讲堂”和“趋势讲堂”让我两度完整地讲授中国通史课程，每一次课程前后横跨五个年头。换句话说，从 2007 年第一讲算起，我花了超过十年的时间。在十年备课及授课过程中，我的大部分时间都用于消化关于中国历史的研究的各种论文及专著，并努力吸收这些研究的发现与论点，尽量有机地编组进我的历史叙述与讨论中。明白地说，我将自己的角色设定为一个勤劳、忠实、不轻信不妥协的二手研究整合者，而不是进入原始材料提出独特成果的人。只有放弃自己的原创研究冲动，虚心地站在前辈及同辈学者的庞大学术基础上，才有可能处理中国通史题材，才能找出一点点“通”的心得。

这套书有将近两百万字的篇幅，时间范围涵盖从新石器时代到辛亥革命。这样一套书，一定不可避免地夹杂了许多错误。我只能期望能够将单纯知识事实上的“硬伤”降到最低，至于论理与解释带有疑义的部分就当作“抛砖引玉”，请专家读者不吝提出指正意见，得以将中国历史的认识推到更广且更深的境界。

第一讲

中国中古史鸟瞰

01

用朝代讲述中国历史，有什么问题

我们研究和理解中国历史，是否需要一个叫作“中古史”的断代单位？中国“中古史”的概念如何成立？为中国历史加入“中古”的眼光，我们能多看到、多注意到历史演变中的现象或规律吗？

中国传统史学中最主要的断代原则是“朝代”。每个朝代，在传统史学中就是一个不言而喻、理所当然的历史单位。所以在学校里学中国史，几乎每个孩子都背过朝代表：夏、商、周、秦、汉、魏、晋、宋、齐、梁、陈、隋、唐、五代梁唐晋汉周、宋、元、明、清。

以朝代为单位认识中国历史，会带来一些严重的问题。第一个也是最根本的问题在于，这些列出来的朝代彼此是不等值的。

两汉四百多年，是一个疆域广阔的大帝国，与享国只有三十多年，领土范围甚至无法涵盖整个江南的陈朝放在一起，当作同样的“朝代”来并列处理，怎么看都不对劲吧？商朝和明朝都被当作“朝代”看待，二者从政治到社会到文化，在各方面性质上几乎没有任何相同之处。

第二个问题在于，这样的“朝代”系谱，突显的是朝代前后相续的关系，也就忽略甚至扭曲了同时并存的其他关系。比如，夏、商、周三种文化在不同地区发展，有过长时间的重叠，这样的事实，在朝代系谱中就完全被抹杀了。又比如，以南朝宋齐梁陈为系谱的主轴，就看不到北朝，而北魏和后来的北齐、北周，它们在历史上产生了重要影响，尤其是与后来的隋、唐关系密切。

第三个问题在于，“朝代史观”倾向于将各个朝代的特征看作一样的，于是朝代更替的系谱背后也就必然存在着“循环史观”。这种史观将历史的重点看作描述、解释一个朝代如何兴又如何亡，一个朝代接着一个朝代不断循环，如此就失去了对整体历史较大架构、较长时间变化的掌握和了解。

西方史学传入中国，为我们提供了一个不太一样的历史视野，其中一个启发是人们的历史知识建构的顺序。一个人刚开始接触历史时，所需要的是对上下几千年的历史有比较大块的印象，然后随着年龄的增长和知识的积累，再慢慢地由大块的理解，到中块的、小块的理解，再到各种细节。这是认识历史的基本路径。

这样的理解方式，显然比中国传统的朝代史观更合理。我们以前在学校里学中国史，小学时先从夏商周到宋元明清背一遍，知道每个朝代的两三件事；中学时再从夏商周到宋元明清背一遍，多知道每个朝代三五件事；大学学习中国通史，还是把夏商周到宋元明清背一遍，每个朝代再多知道十件事。这样的方式对老师来说，很难掌握教学的重点；对学生来说，也很难在死记硬背的要求下进一步对历史产生兴趣。

02

西方历史分期方法给我们的借鉴

其实，传统的朝代史观也有其潜藏的块状分类，基本上“夏商周”是一块，“秦汉”是一块，“魏晋南北朝”是一块，“隋唐”是一块，“宋元明清”也被当作一大块。这样的分类隐含了这些块状历史时段应该有其特殊性格，与其他块不一样。但不幸的是，传统史学并不强调去探讨这些时段之间的异同和变化，突显出每个时段的特性，便于学生认识、掌握各个历史时期。

相较而言，西方文明史的架构，就清楚明白得多。刚开始学习西方文明史的时候，老师先将历史分成四个时段：上古、中古、近代、现代，而且这四个段落有确切的历史事件作为转折点，各自内部又有很容易把握的独特性质。

西方上古历史从文明诞生一直到西罗马帝国灭亡，包括古希腊罗马时代，以及这个时代产生的古典文明。紧接着，蛮族入侵，西罗马帝国灭亡，以基督教会为至上权威的中古历史开始，产生了基于信仰高于一切这种观念的不同社会组织和思想习惯。然后，十字军东征带回的典籍，引爆了复古风潮，使得历史进入了人文精神跃动的“文艺复兴”时期，欧洲离开中古，进入近代。1789 年爆发了法国大革命，这时现代思潮、现代文化兴起，欧洲整体的历史面貌又经历了一次大变化。

具备了这四大块的认识，接着就能将大块再细分为中块。上古史可以分成近东史、希腊史和罗马史。中古史可以用克吕尼、本笃等修会的改革运动分为前期和后期。近代史则有文艺复兴、清教徒革命和启蒙运动等不同时期。现代呢，则以第一次世界大战为转折点，分出积极乐观的 19 世纪和相对悲观混乱的 20 世纪。

然后，再将历史从中块切分为小块来理解，比如英国历史学家霍布斯鲍姆便将欧洲的 19 世纪，细分为从 1789 年到 1848 年的“革命的年代”，从 1848 年到 1875 年的“资本的年代”，以及从 1875 年到 1914 年的“帝国的年代”。

这种方式由简而繁，可以有顺序、有条理地建构起历史知识，将理解和背诵结合起来，前面的理解、记忆，成为后面的基础，也就不需要靠死记硬背把历史中的人、事、时、地、物全部记下来，有时我们记住的诸多事实反而无法彼此联结且产生意义。

西方文明史的分期方法让我们认真考虑，如何在朝代之外，重新划分中国历史，尤其是提供大块的断代架构。当然，在这个过程中，我们不能遗忘中国历史自身的独特性，不能照搬西方文明史的架构，将其强加在中国历史之上，那样就扭曲了原本的历史脉络。

按照中国历史自身的演进和变化，我倾向于将中国文明发展的几千年时间，先区分出五个大块——上古、古代、中古、近世和现代，并借由对这几个大块时段特殊面貌的描述，来帮助大家理解中国历史的连续和断裂现象。

03

为什么中国历史需要一个中古时期

从文明起源到公元前1000年左右，这是多元因素互相冲击的中国文明形成期。在这段漫长时间里，中国文化不是由一个单一的中心向外扩散；正好相反，北到东北和内蒙古草原边缘的红山文化，南到长江中下游的石家河文化和河姆渡文化，星罗棋布地存在许多进入农业状态的新石器文化，它们之间彼此互动，产生影响，进一步慢慢形成了几个比较明确的中心。夏、商、周，分居华北地区中、东、西，是在这个过程中浮现出来的最清楚、最有力的三个文化中心。

到公元前1000年左右，也就是周朝的建立及其封建武装征服的展开，带来了一个全新的不同阶段（内容详情参见本系列图书第二册《文明的基因》）。由周人在西边的周原建立的这套文明秩序，有意识、有系统地被传播到广大的区域。与上古历史相比，古代历史的主轴是明确地由多元朝向一元变化。原来松散的共主制政治组织，被周人严密的封建宗法制取代，相应地在地方产生了越来越相似的社会和文化面貌。

春秋战国时期在表面上看来，原有的一元封建宗法制动摇、瓦解了，一度朝向新的多元变化发展，不过到公元前 3 世纪，另一股一元力量席卷了整个区域，在原来的封建地区之上，出现了秦帝国，那是一个比封建宗法体系更紧密、更严格的一元性组织。

从疆域国家到统一大帝国，秦只是中转站，在许多现实条件并不成熟的情况下，中国出现了领土面积庞大、集体性强烈的帝国组织。这样的组织在汉朝继续试验、发展，到汉武帝时到达一个阶段性高峰。在汉武帝手中完成的帝国系统，维持了三百年左右，最后在公元 220 年左右，也就是汉朝正式灭亡之时，帝国系统遭遇了决定性的分崩瓦解。

汉帝国的没落、衰亡，意味着中国一元、一统的古代历史结束，取而代之的是在各方面都倾向于分裂的新时期。这个时期从公元 3 世纪早期开始，延续了七百多年，一直到公元 960 年，五代结束，宋朝建立，中古历史才正式结束。

这七百多年历史的第一个主题是帝国的崩落。与古代历史相反，中古历史呈现出强烈的分裂特性，分裂是通例，大一统是少数时间里的例外现象。帝国的消失，带来的是长期的战乱，即使不处于现实战争状态时，政治和社会仍然保持高度军事动员的状态。也就是说，这个时期的中国，在军事和战争方面耗费了巨大的精力和资源。

隋、唐两朝看似恢复了统一帝国，然而仔细看这段历史会发现，隋建立不久后，便发生了隋末大乱，好不容易在乱中浮现出李唐王朝，但只有大约一百年的和平时期，到唐玄宗时爆发了“安史之乱”，不仅全国动乱，而且引发了后续的藩镇割据，实际上走回了原来魏晋南北朝时期高度军事动员的老路子。

这七百多年间，几乎没有真正的承平时期。统一不等于承平。三国结束，西晋统一，但这统一状况立即被“八王之乱”破坏；在司马家内乱之际，西部和北部的游牧民族全面南下，西晋被迫南迁成为东晋，开始了南北对峙的长期分裂状态。即便是号称盛世的唐朝，早期不断与突厥、吐蕃进行边境战争，到了中期之后，中央朝廷控制力大减，地方自主地进行军事统治，只维系了表面的统一。

相较于之前的秦、汉，相较于后来的宋、明，这段时间内，大一统的帝国体制并没有真正恢复正常运作。也就是说，这个时期夹在两个以大一统帝国为常态的时代中间，因而可以合理地称之为“中古”。

04

中古中国的关键特征

军事动员和军事体制是理解中古历史的关键。近世之后，宋朝一度无法维持统一，将北方领土让给辽和金，看起来似乎处于分裂状态，不过仔细看就会明白，宋朝之所以分裂，就是因为它始终没有建立起有效的军事动员体制。

为了根治中唐以来军事挂帅、武人治国带来的种种弊病，宋太祖赵匡胤制订了“重文轻武”“强干弱枝”的策略，并且将之有效地贯彻。于是，宋朝建立在高度非军事化的根本价值观念之上。即便边境遭遇外患，宋朝的反应基本都是尽量避免战争，也就是尽量避免军事动员，宁可以外交上的低姿态来解决问题，有时甚至只是拖延问题。

也就是说，宋朝的分裂局面与中古时期的分裂局面，肇因恰恰相反。中古时期的分裂，源于整个社会高度紧张的军事动员；宋朝的分裂，却是为了拒绝高度军事动员，正是为坚持创造一个非军事化社会而不得不付出的代价。

宋朝的“屈辱”，来自朝廷根深蒂固的“不打仗”的策略。负责打仗的武人地位很低，积极想要打仗的武人，更是必然招来不信任的眼光和对待。岳飞的悲剧性遭遇，不完全是秦桧或宋高宗造成的，而是由宋朝的基本国家体制和价值判断决定的。

从这个角度，我们能够清楚地看出中古与近世的差异。从军事动员上看，中古时期即便是在统一状况下，也都埋下了分裂的种子；相对而言，近世时期即便是处于分裂状态，也都还是肇因于对统一、不打仗的预期和假定。

中古时期的另一个特色是，相较于古代，中古中国在很多方面都出现了退步。如果说进步、退步涉及主观标准的话，那我们也可以换个说法：古代许多明确的变化发展在中古都朝着相反的方向进行了。

比如，在古代社会，人一步一步地从身份的束缚中解放出来，身份对人的限制基本上越来越小。但这个趋势在中古发生了逆转，人与身份越来越紧密相关，人生中由身份决定的部分越来越大，而且身份产生的束缚也很严格，没有太多可以逃避的途径。后文将详细叙述这个主题。

又比如，古代历史中所见到的经济增长趋势，到了中古也明确地发生了倒退。先是动乱流离破坏了劳动生产所需的稳定环境，接下来长期的军事动员，又剥夺了大量的劳动力，迫使这些力量脱离经济生产。

中古历史开始于汉末大乱，从那以后一段时间，中国人口锐减。人口的减少有两种情况，一种是实际上的消失，死掉的人变多，生出来活下去的人相对变少。战争制造的就是这种实质的人口损失。人口减少还有另一种，那就是大量的迁徙，使得人口的存在无法反映在任何记录中，事实上也就无法反映在经济生产上了。这些人与当时主要的经济生产形式——农业，无法建立依附关系，无法长时间停留在土地上；所以，不管是从国家户籍的角度，还是从对经济生产贡献的角度，我们都看不到他们的踪迹，从这两方面看，他们相当于不存在。

死和逃，都直接影响农业生产。快速、猛烈下降的农业生产，又进一步使得中国这片区域养活人口的条件恶化，支撑不了太多人口，如此恶性循环。

05

小型村落取代城郭

在中古时期出现的恶化的经济条件，甚至改变了中国从上古以来长期建立的社会制度。

中国上古社会的一个重要特色，是“城郭制”。从上古到古代，中国的地理空间密布了许多小型“城郭”，那是最主要的居住单位。长宽各几百米的小城，城外有田、有郭，这是早期中国社会的典型居住环境。人主要居住在城内，定时到城外靠近城的农田里工作。农田由“郭”提供基本的保护，在“郭”之外，还有可供取得所需柴火、野味等资源的山林。聚落的最外围，有以土墙、林木或壕沟构筑的基本界限，确立这个经济、社会单位与其他单位之间的区隔。

春秋时期，天下号称有“万国”，一个“国”其实就是一个这样的“城郭”单位。本来一个“国”也就是在封建制度下一个独立的政治体，但从春秋开始，某些政治体的范围不断扩大，实力不断膨胀，到最后秦灭六国，整个中国开始属于同一个庞大的政治体，那就是帝国。城郭在政治上失去了独立地位，但仍然保留了在社会组织和经济发展方面的基本作用。

城郭的情况在中古时期就发生了改变。战争以及战争带来的人民流离，使得城郭成了动乱中最醒目的攻击目标。“城”里有现成的粮食积聚，只要将“城”打下来，占有者就不仅能活命，而且往往能获得丰厚的报酬。

城郭本来是为了共同防御而建造的，然而到这个时候，经历了长久而普遍的发展，加上城郭被整合进帝国体系中，城郭的集中聚落作用更加突出，而防卫功能相对却不断下降，许多城郭的存在都只是聊备一格而已。自我保护能力不足，却又聚集了农业生产的剩余，这样的“城”在战乱中必然遭受反复劫掠。

于是，在很短的时间内，原有的城郭纷纷被放弃了，取而代之的是村落。村落是极小、极灵活，但毫无保障的小聚落；五户或十户人家，加上一点点可供种植的田地，就可以构成一个村落。“村落”是“城郭”的对照，它没有固定的自我保护机制，没有正式的组织，也没有长期的资源积累。“村落”拥有而“城郭”没有的，就是机动性。村落在很短时间内就能构成小型、松散的合作体，一旦有事，也就能立刻分头逃离，各奔东西。

这样的村落在战乱中不会成为劫掠的焦点。若是遭遇武力打劫，他们可以“贼来我走，贼走我回”。盗贼来了，顶多就是这几户人家当季的收成损失了，盗贼无从集中力量攻打哪个村落，也不可能长久停留。这种组织形式可以帮助农民逃过武力的扰乱破坏，得到暂时的生存。

于是，越来越多的人从城郭中离开，组建小型村落。这样，各地小型村落如雨后春笋般冒出来，这是中古中国显现出来的很不一样的地理面貌。在中古时期七百多年里，原先如此普遍分布的“城郭”消失了，代之以村庄，重新定型中国的地理景观，变成以村庄为主了。

这项基本而重大的改变影响了中国人的历史记忆。中古时期结束以后，宋朝以降，中国人逐渐遗忘了古代中国曾有过的城郭地景，误以为中国从来都是这样小型村庄散布，以为这就是中国人文地理景观自古以来的面貌。后来的人读古书，读到“古代”的文献，发现有“城”，有“郭”，有“国”，有“国人”，有“山林”，等等，就无法确切掌握其意义，无法重建那时候的地理图景。

直到现代，主要经由日本学者开始的研究，我们才跨过了因“村庄制”而产生的偏见和误会，能够重新理解古代中国“城郭制”的实景。我的老师杜正胜教授在20世纪70年代出版《周代城邦》（台北联经出版事业公司，1979年），引用日本学者宫崎市定的说法，并佐以极其扎实的原始史料，论述周朝的城邦发展，当时还引来台湾地区史学界一片反对之声。当时史学界的普遍看法是，“城邦”是古希腊的制度，怎么能被搬到中国的周朝呢？

但过了三四十年，我们不得不承认，必须将“城郭制”或“城邦”放回历史中讲述，许多古史材料才读得通。不理解“城郭”

和“城邦”,《左传》里太多字句都没有意义。进一步而言，还原“城郭制”的历史事实，刺激了史学家从文献和考古发掘中追索“城郭”的来源，重新解释夯土技术，进而发现了夯土筑城技术与夏朝可能有的联系（详细内容参见本系列图书第一册《中国是怎么出现的》)。

为什么我们费了那么大力气，才能重新认识、接受历史上的城郭制？最主要的原因是城郭制在中古时期消失了，就连对城郭的记忆都长期被埋在村庄制的现实底下，被忽略、被遗忘了。

06

村庄与庄园并行

中古时期，与村庄制并行发展的，是“庄园”。庄园是由村庄聚落组合而产生的大型的、自给自足的经济生产单位，由单一的领主或领主家族拥有。

中古以前的中国就有庄园，但当时它们被视为皇帝、王侯的特权，只有他们能借由政治权力掌控那么大片的土地，能支配农业生产和维护庄园所需要的庞大人力。在中古时期，随着帝王权力下降，新兴世家贵族权力上升，这些世族便以庄园作为自身的经济基础，保障自己拥有一个自给自足的、庞大的土地生产系统。

本系列图书第五册《危机与考验》论述过，长期战乱和中央朝廷瓦解，使得货币交易状态大倒退。没有货币，没有活跃而方便的贸易，有权力、有财富的人，当然必须追求建立自给自足的系统，为自己提供所需的安全感。

由统一的政治权力机构发行、保障的货币消失了，更麻烦的是，连可以用来当作自然货币的少数贵金属，在这个时期也严重缺货。

像黄金这样的贵金属，在中古时期极其稀有。黄金到哪里去了？一个说法是：因为战乱，因为国家货币系统瓦解，黄金的价值不断提升，以至于握有黄金的人有强烈动机不让黄金脱手。基于涨价的预期，大家都不把黄金拿出来，这样能流通的黄金更少，价格自然就更加昂贵了。如此恶性循环，导致黄金几乎从交易市场上消失。

另一个说法是：汉朝开始通西域，在与西域的贸易关系上，汉帝国长期是入超方。各种西域货物进入汉帝国，大家习惯将西域进口的东西视为珍宝，于是就有许多贵金属，包括白银和黄金，在交易中离开汉帝国，流向西域。

贵金属不足，如果要发挥货币作为交换媒介和贮藏手段的功能，那就只能靠强有力的政府提供信用保证，然而从汉末之后几百年间，中国并不存在能发挥这种保障作用的政治强权。

货币消失了，中古时期的交易倒退回以物易物的实物交易制度（barter system），在这种状态下，建构自给自足的经济生产体系，就变得非常迫切而重要了。

经济生产上的倒退，也改变了中国的土地所有权形式。西汉和东汉的衰亡，都与土地兼并有密切关系。私有土地买卖发达，经过长期兼并，土地所有权掌握在少数人手中，这是引发东汉社会内部紧张，导致人民流离，终致王朝收拾不住的主因之一。

在中古时期，战乱和人民的普遍流离，也进一步消解了原来的土地私有制。田地上没有固定居住、耕种的人了，盗匪或军队随时来去，这时候谁还理会、谁还尊重这块土地属于谁呢？没有人耕种，土地就无法产出稳定的价值；如果有一点生产所得，盗匪或军队一来，立即将这些积存抢劫一空。在这种情况下，拥有土地做什么呢？

很快，过去以土地为主要财产形式的豪族世家都崩溃了，土地所有权和生产耕种状况一团混乱。后来，在这基础上慢慢地形成了新的土地制度。

07

从屯田到均田的土地制度

我们可以将屯田和均田当作这项新的土地制度的核心。本系列图书第五册《危机与考验》专门分析过，屯田是曹操在汉末群雄并起时脱颖而出的一大秘诀。屯田的实际操作很简单，只是这样的制度打破了原先帝国制度设计的限制。

过去帝国制度的设计方式是，国家军事动员的力量来自徭役，所以征召来当兵打仗的人，他们都先具备了农民的身份。他们是暂时被朝廷征调来服役，暂时脱离了与土地生产之间的关系。后来朝廷的力役之征集体失灵，出现了全职的军人，他们彻底中断了与土地生产之间的关系。要维持这支队伍，统治者必须找到足够的生产剩余来养活他们。

屯田重新建立了军人与土地生产之间的关系，让他们一边种田一边打仗，不打仗时就种田。屯田制下的军人，地位低于帝国时期的军人，在某种程度上像是军事化的农奴，只具备有限的人身自由。他们耕种的土地，是以武力占领下来的；他们的耕种所得，属于带领他们的官长，再由像曹操这样的官长运用集体生产所得，养活这支军队。

曹操在屯田上取得的成功，吸引了当时许多有野心的人跟进，后来基本上所有的豪强都建立了自己的屯田，产生了一种新土地制度的雏形。北方大乱，异族进入之后，他们也模仿既有的方式进行屯田，其中模仿得最成功的，是鲜卑拓跋氏建立的北魏政权。

后来由隋唐继承的北魏均田制，其实是与屯田一脉相承的。屯田的第一个特性是逆转了古代社会原本的土地私有制，在形式上接近土地公有制，或土地“国”有。只不过这种“国”有，因握有土地的政府不同而有不同的样貌。比如曹操在雍州的领地便成了一个拥有土地的“国”。之所以能够取消私有土地，将之变为“国”有，最重要的条件当然是战乱造成百姓的全面流离，地主、农民一并离开土地，无法在原有的土地上继续居留，于是土地成了无主之地，谁有兵力攫夺，谁就能掌控这些空出来的土地。

屯田的第二个特性是兵农合一，打仗的和种田的是同一群人，没有区别。在土地国有和兵农合一这两个原则上，显然北魏的均田都是与曹魏的屯田一致的，甚至均田是继承屯田的。

什么是均田？均田建立在两个核心概念上：一个是“授田”，即国家掌控土地，将土地分给百姓，这叫作“授”；另一个概念则是“课”，国家将土地分给百姓，百姓就必须承担相应的义务。也就是说，战乱之后，既有的土地私有制维持不了了，土地都变成公有、国有，而百姓没有田，所以由国家将掌控的土地交付给百姓，让百姓耕种生产，但也就对接受田地的百姓要求一定的报偿。

不同时代、不同政府有不一样的“课”的内容。均田制在唐朝完整制度化为租庸调制，也就是接受土地的百姓对政府要负三种不同责任：交付部分的土地生产所得；为政府服劳役，提供无偿劳动力；提供家庭手工织造品。

土地制度是中古历史的另一个突出变化。在中古时期，中国的土地关系彻底更新，从土地私有制变为土地国有制，再借由国家的力量对百姓进行授田，也就是进行土地所有权的重新分配。

08

中古时期的土地制度与人身关系

均田，顾名思义是按照固定、整齐的制度来施行田地划分，不过在现实中，土地分配绝对不可能那么规则，更不可能那么普遍。均田制始于北魏，到了唐朝天宝年间就逐渐瓦解了。唐德宗之后，国家税收方式正式改为两税法，也就意味着租庸调制正式结束，均田制也就从历史舞台上退场了。

即便是在均田制有效推行的时期，还是有很多“不应课户”。“课”和“授”是相关联的，所以“不应课户”就表示他们是没有接受国家“授田”所以不用承担相应责任的家户。到了唐玄宗时，“不应课户”的户数超过了国家正常“授田”的“课户”，我们就能知道，在现实中，均田的实施有其限度。

哪些人属于“不应课户”呢？第一种是不从事农业生产的人。

比如在唐朝，城市环境和贸易活动逐渐恢复，住在城市里的官员、做生意的商人，他们与农业生产无关，也不曾接受“授田”，当然是“不应课户”。

第二种是隶属寺院的农户。他们虽然务农，但耕种的土地不是直接从国家那里得来的，他们的责任和义务是面向寺院的，国家不能对他们征课。还有第三种是自身拥有土地，当然不需要国家“授田”的人，那就是拥有庄园，掌控庄园经济的世家贵族，加上在庄园里为他们进行生产的人。

中古时期，即使在均田制建立、运作的时期，庄园制经济其实都是与之并存并行的。国家没有力量真正取消庄园，将庄园里的人都纳入国家体系。也就是说，在土地制度上，主流的是土地国有，但国家无法摆脱贵族庄园的干扰，彻底执行均田制。贵族之外，还有寺院土地也不属于国家管控，国家的力量始终没有大到可以凌驾于这些势力之上。

从人身平等的角度来看，从古代到中古，中国人的等级尊卑秩序发生了戏剧性的变化。秦汉帝国里，人越来越不受身份约束，意思是因出身限制而必定不能做的事越来越少。我们看到，从汉武帝时代开始，人们对汉朝社会常见的批评就是“身份躐（音‘列’，指越级）等”，意思是人不按照自己的身份行事，做不符合自己身份的事，比如穿比自己身份更高之人穿的衣服，住房用了更高身份的人才能使用的风格或装饰。

“僭越”身份的，首先是有钱人。他们拥有财富和土地，能够负担得起奢华的衣服、房舍，追求让自己看起来比原有身份更高等级的生活。有钱人带头示范，慢慢地，大家都普遍抛弃固定的身份象征和行为，表现得比原有身份更阔气，就成了流行风气。

西汉时将有钱人分为“豪左”和“豪右”，也就是英文里所说的 new money 和 old money，后者是合乎身份的有钱有势的人家，前者则是新兴的暴发户。到了东汉，这种区分也没有了，“豪左”这个名称完全消失，地方上有钱有势的人家通通都被称为“豪右”。

另外，商人原本属于“贱籍”，身份地位低下，但这时出现很多途径让商人用从商得来的财富对自己的身份进行改造，因此社会上对商人身份的歧视也越来越淡薄。

整体来说，古代帝国明确地朝人身关系松散的方向发展。但到了中古却发生大逆转，成了一个讲究身份、阶级身份森严的“阶级社会”，一个有着牢不可破的身份界限的“贵族社会”。不仅社会风俗，而且政治和法律，都以对身份、阶级的区分为前提。

甚至到了唐朝，皇室李家在贵族阶级序列中并不处于最高等级（《贞观氏族志》的初版对世家大族的排序为“崔卢郑王”，李氏位列其后），因而一直尝试以政治力量打破上层贵族阶层的壁垒。但即便如此，《唐律》仍然是以身份区分作为依据制定的。

《唐律》对人的身份做了非常细致的区分：有不具备任何人身自由的奴隶；有只比奴隶高一点，没有人身自由，但却不是主人财产，拥有人格和农业劳动力的部曲；还有一种层级的人是要偿付“衣食金”的，意思是由主人养大之后，必须为主人无薪工作，到创造出足够能够抵偿十六岁前花掉的衣食费用的价值之后，才能变成一个自由人。

唐朝尚且如此，就更不用说阶级意识更严格的魏晋南北朝了。那个时代在官场上都分“清官”和“浊官”。这里的“清”和“浊”不是我们今天所认知的道德清廉与行为腐败。“清”和“浊”是由身份而来的区别，只有贵族才能当的官是“清官”，给身份地位较低的人当的官叫“浊官”。

“清官”地位高，受尊重，却不需要做什么事。相对而言，“浊官”的性质，如果用精确的英文来表达，或许应该是“officials in the mud”，他们像是注定在泥巴里打滚一般，不受尊重，却要负担大部分的工作。他们不能抱怨，也绝对不可能靠努力工作而有所成就，进而离开这低下的泥巴环境，变成“清官”。因为这个时代社会上的一切都是以身份区别来安排的，几乎没有什么例外，没有什么破例的空间。

09

贵族对皇帝的限制是中古社会的独特之处

在中古时期，即便是处于政治权力最高层的皇帝，他们的地位与古代时期和后来的近世皇帝的地位相比，大不相同。在阶级区分森严的中古社会，皇帝并不是社会等级中拥有最强实力的。

比如，南朝宋（420—479年）持续了近六十年，有九个皇帝，平均每个皇帝在位时间不到七年。九个皇帝中，有六个是被杀或被废黜的，也就是说只有三个是在正常状况下离开皇帝位子的。紧接着南朝宋的南朝齐（479—502年）也没好到哪里去，南朝齐的七个皇帝，有四个遭到弑废，比例也超过一半。而造成皇帝被弑废的主要原因，不是宫廷斗争，而是贵族势力介入。

中古时期，皇帝通常是用武力取得大权，以他所掌握的武力在贵族中周旋，维持其权力和地位。这就是他作为帝王最主要的工作——拉拢这个，抵抗那个，他绝对不可能摆脱贵族而独断地行使权力。坐拥厚实的社会资源、经济基础，贵族不怕皇帝，反倒是皇帝要提防贵族。

南朝在位最久的皇帝是梁武帝，在位四十八年（502—549年在位）。梁武帝如何能安坐帝位那么长的时间呢？史书对梁武帝事迹的记载，强调他“佞佛”，也就是他信佛教信到近乎走火入魔的程度，他几度舍身入佛寺，还要臣子出钱把他赎回来。但如果我们理解中古时期的皇帝与贵族的特殊关系，我们就会在史料中读出潜藏的意义：梁武帝“佞佛”不是单纯的个人信仰，它更涉及复杂的政治权力运作。从现实权力运作的角度看，梁武帝其实是借由与佛教、佛寺建立紧密关系，一方面与贵族亲近，表示自己也投入了流行的佛教风潮中，另一方面也借由壮大佛寺势力、联合佛寺势力来制衡贵族。

从这个角度来看，虽然“佞佛”后来导致梁武帝被围攻饿死的结局，但在他去世之前，其实也就是靠他拉拢佛教的策略，才得以享有帝位四十八年。

回头看古代历史，即使是汉初立了那么多“王”和“侯”，他们的影响和势力从来不曾达到中古贵族的程度，何况这些“王”和“侯”又很快成为皇帝的眼中钉，逐渐被拔除了。后来，到了宋以后的近世，皇帝已经找出了非常有效的方式裁抑、废除贵族和佛寺势力，再度让皇帝的地位和权力提升，凌驾于一切权力之上。

从贵族的地位和权力，以及贵族对皇帝强大的钳制能力来看，中古社会绝对是独特的。

10

中古时期的游牧民族政权

中古时期发端于长期战乱，这带来的另一个特征，就是原有的北方农耕民族防线全面溃败，大量异族人口进入中原。

异族进入中原的起点，是南匈奴内附。东汉时匈奴分裂为南北两部，南匈奴投靠汉朝，获得了特殊的身份。他们不属于汉朝的编户齐民，但当汉朝与北匈奴发生冲突时，朝廷就优先征发他们去打仗。也就是说，他们成了专业的佣兵，而他们得到的报酬，就是能够南迁，住进草原地区与农业地区的交界地带。

汉人逐渐尝到了这种安排的好处，划出一片地区养着一批异族佣兵，必要时就可以帮忙打仗。东汉末年，这样的做法越来越普遍，曹操、袁绍都用过类似的“外籍兵”。

后来所谓“五胡乱华”的“五胡”，是匈奴、鲜卑、氐、羌、羯，这几个民族原先居住的地方，其实是在草原边缘，不算真正的游牧民族。在大举进入中原之前，他们往往早已经与南方农业民族有所接触。他们的人口规模并不大，也就是并不具备像鼎盛时期的匈奴那样强大的武力，他们得以入主中原，依恃的条件是中原本身的大混乱、大毁坏。

“五胡乱华”，如何“乱”法？他们之所以“乱华”，之所以在中原地区产生这么大的影响，正因为他们进入农业地带之后，就不回去了。他们决定居留下来，到处流窜，而不是抢夺了农产品和财物之后就回到北方草原去。诱发他们留下来的原因，除了中原防卫力量的衰微之外，还包括他们原本就对农业生活有了一定的经验和理解，他们不是纯粹的游牧民族。

进入中原的异族主力，是散居在大漠以南的民族，也就是来自匈奴分裂后，汉朝划分给南匈奴的地带上的民族。南北匈奴分裂后，北匈奴的主力进一步向北向西迁移，引发欧亚草原地带的大变动，他们离中国越来越远。“五胡”之中的匈奴，是南匈奴的后裔，他们与汉人接触，甚至部分汉化，其实已经有很长的历史了。

匈奴、氐、羌、羯这几个民族，都来自中原的周边，而且部族的规模都不大，一旦南迁，都是举族进入，他们原先靠近农业民族的根据地就空了出来，很快便有其他部族看中这些地方，迁徙过来，使得他们也很难再回去了，这就更多了一层居留在中原的动机。

鲜卑是一个例外，在这几族中人口最多，所以他们分了好几批进入中原，前后建立了几个不一样的政权。更重要的是，鲜卑拓跋氏建立北魏时，他们还能将部分实力保留在北方“六镇”，固守根据地。但是定都平城的北魏，也必然遇到一个关键的问题：一个少数民族要如何在汉人为主的广大中原地区自处？

北魏孝文帝做了重要的选择，那就是减少自己的少数民族成分，尽量融入汉人，借由汉人的协助，统治更广大的中原地区。这是孝文帝推动汉化改革的部分政治考虑，也是他与北方世族互动之后形成的一种同盟合作关系。

但汉化改革也让北魏付出了相当大的代价。从平城迁都洛阳，北魏政权越来越远离北方草原，留在“六镇”的鲜卑族人也产生出越来越严重的被剥夺感，觉得自己沦为不受重视甚至饱受歧视的次等百姓，再加上北魏重心南移之后，更北方的柔然不断迫近鲜卑原来的根据地，多重压力交互作用，北魏爆发“六镇之乱”，造成了北魏的实质灭亡，不久之后分裂为东魏、西魏，这两个政权又很快转变为北齐、北周。

东魏和西魏的领导人，一个是高欢，一个是宇文泰，前者是胡化的汉人，后者是汉化的胡人。从他们二人身上，我们很清楚地看出，到这个时候，中原地区的人口组成，已经与古代秦汉帝国的人口组成大不相同了。

我们在历史上经常将“隋唐”与“秦汉”相提并论，然而若是认真考察，我们就能发现，隋唐的建国者，已经不是与秦汉的立国者一样的汉人了。不管从血缘还是文化来看，杨家、李家的胡人性质都极为明显。他们都来自“六镇”之一的武川镇，在背景和性质上比较接近高欢，也就是胡化的汉人。

这也部分说明了为什么隋朝、唐朝宫廷会发生从汉人文化角度来看惊世骇俗的事情。比如，隋炀帝与他父亲的侍妾私通，唐高宗娶了父亲后宫里的“才人”，也就是后来的武则天。若是从鲜卑的习俗来看，父亲的女人相当于父亲财产的一部分，儿子本来就有权利接收。那是异族文化影响所产生的特殊的中古现象，也就是我们为什么要将魏晋南北朝与隋唐放在一起作为一个专门的历史断代——中古——来理解，这是一个异族血统和异族文化大举进入中原并与汉人和汉文化融合的时代。

异族的冲击从汉末一直延续到五代，后唐的李克用、后晋的石敬瑭和后汉的刘知远也都不是汉人。这个时期内，大量外来成分持续进入中原，这种融合，与近世相比更为深厚，虽然近世中国也有契丹、女真、蒙古建立的外族政权，但是他们在文化融合方面都没有留下深远的影响，就连存在约九十年的元朝，也随着蒙古人退回草原，便一并将他们的习俗和文化带回了草原，没有在中原留下太多深刻而长远的影响。这些都与中古七百多年里异族成分不断移入、不断迁徙、不断变化、不断融合的历史面貌大不相同。

北魏牛车图，山西大同北魏墓壁画

北齐武士骑马出行图，山西太原娄睿墓壁画

11

中古中国是一个贵族社会

从宏观的角度来看，中古有其普遍特色。当然，中古历史并不是同质的一大块，必然有其在微观视野下的内部差异。

比如中古时期一个非常重要的新制度是科举。要放在中古的贵族门第环境中，我们才能明确看出朝廷创建科举制度的动机。那是朝廷用来和贵族门第抢夺人才，打破贵族垄断人才晋用通道的手段。

隋唐皇帝太了解贵族把持权力的痛苦，不断努力寻找方法削弱贵族的力量，科举是其中极其有效的一种举措。通过科举，隋唐时逐渐打破了贵族对朝廷人才晋用的垄断，逐渐削弱门第的影响力，于是也才开启了近世社会最终形成的打破阶级藩篱、以科举考试为最主要社会流动通道的新局面。

另外，尽管唐朝后期出现藩镇割据，也就是出现了新的分裂，不过它在国家财政上基本维持统一，而维持国家财政的关键因素是大运河。从隋朝开始兴建维护的运河系统，将南方的资源有效地向北方输送。北方的政治、军事权力运行不得不依靠由运河输送过来的南方资源，使得各地割据的强藩，在这样的总资源运用系统面前，不得不向朝廷低头，在名义上服从朝廷。否则，任何单一地方势力都不可能掌控运河运输。

也就是说，这是从相反的方向来看中古的意义——中古已经出现了若干与后来近世历史之间的联结，或者说中古的某些因素为近世的到来准备了条件。近世中原重新统一，建立起强干弱枝的新的中央集权政府，当然不是天上掉下来的，有些因素需要溯源到中古时期。

还需要提醒说明的是，“中古”这个名词来自西方文明史。欧洲历史上的中古是文艺复兴时期的人命名的。通过十字军东征，欧洲人在阿拉伯人那里，重新看到了古希腊罗马的古典文化，大受感动，引发了崇古、复古的热潮，批判既有的教会控制系统，向往“新生”（“文艺复兴”的英文 Renaissance 本意就是“新生”），或者该说借复古得到新生。于是，那个时代产生了一种特殊的历史看法，将西罗马帝国灭亡后的一大段时期视为横亘在“现代”与“古典”之间的“中古”，或者说“中世纪”。

英文 Medieval 的本意就是“在中间的时刻”，如果要更精确地掌握当时人对这个概念的理解，不妨将之译为“第三者历史”，即把应该连在一起的两段时间硬生生给隔开的“第三者历史”，这段历史像第三者，或者至少是充当电灯泡的角色。

文艺复兴时代的人讲到中古，基本的心情就是“如果没有这段断裂，如果古典文化一直延续下来，那该多好”！可以想见，在这种心情下，人们对中古的印象和感受都是负面的。后来有人索性就将这段中古历史命名为“黑暗时代”，像是夹在古典黄昏与文艺复兴黎明之间的漫漫长夜。

从“黑暗”中苏醒过来的人，强调人的价值和尊严，他们在教会的权威之外，重新建立了传承自“古典”的人文主义传统。另外，他们强调要摆脱教会在思想上的牢笼宰制，追求自由，或者说，追求信仰以外真正的思想。

将中古这个名称挪用过来看待中国历史，我们需要小心谨慎，看清中国的中古历史与西方的中古历史在概念和模式上的异同。

中国的中古历史也有其中间性，介于古代的统一大帝国与近世的统一帝国之间。中国的中古也有其黑暗或退步的成分，主要在于分裂、战争、动乱、长期的军事动员，还有经济生产和商业贸易大幅衰退，人身自由也大幅被身份束缚，以及财富和权力分配高度不均等，这些都显现出中古社会的负面特征。

不过我们可不能想当然地将中国的中古历史当作黑暗时代。相较之下最明显的，也可能因为太熟悉反而常常被忽略的是，中国的中古时期没有像欧洲那样确立某个宗教如基督教为唯一正统的信仰，也没有罗马教廷的至高权威。中古中国有佛教寺院，但一来寺院与贵族世家关系密切，二来寺院是庞大的经济体，是中古时期经济结构中重要的一环。中国的佛寺并没有欧洲的基督教那样全面的社会影响力，佛教在中国与大部分人的生活并没有那么密切的关系。

中古中国是高度发达的贵族社会，具备所有贵族社会的共同特征，那就是财富高度集中。无论生产如何衰退，因财富集中而带来的效果，随时都有一小群富人，他们拥有许多可以支配的盈余，也必然会将财富用于享受。

而且贵族社会必然出现可以彰显贵族身份，拉开贵族与一般人距离的方式。生活上的外显异质和奢侈，必定是首选的彰显、炫耀手段。欧洲中古时期，教会有很大的力量，抑制了贵族在生活方面的奢侈炫耀，以至于其实教会本身才是最严重的腐化者，但教会必须随时摆出服侍上帝的姿态，也不能公然炫耀奢侈。

相较之下，中国中古时期普通百姓生活很艰难，因为有贵族压在他们头上，不过正因为如此而产生了华丽、炫耀的贵族文化。从生成的原因来看，这样的贵族文化很邪恶；但从结果上看，我们又不得不承认，这样的文化有其珍贵美好之处。

这就考验了我们看待历史的方式，我们不得不面对这两种迥异而互相矛盾的态度。我们并不是第一次在理解中国历史的时候遭遇这样的问题。商朝时期惊人的青铜器铸造技术和成就，就建立在相对贫弱的生产力之上，只有从社会组织和生产分配的角度，我们才能解释为什么相对落后的生产系统竟然能支撑那么辉煌的工艺技术。它凭借的是资源集中制，也就是少数人享受多数人的生产所得，多数人的生产被剥夺，集中供应给少数人使用。

我们一方面要珍惜、欣赏这些美好的文明成就，不应该因为产生它们的社会组织不公平、不理想而抹杀其价值。但同时我们也不应该只专注于推崇这些艺术文物的成就，而忽略了其产生的条件，将那些高度不平等的经济、社会因素置之不理。

第二讲

《人物志》与《世说新语》里的中古中国

01

曹魏时代的《人物志》是怎样一本书

曹魏时代，刘劭写了一本《人物志》，这本书在中国典籍中，不是那么常被提起，也不是那么受重视，然而在了解魏晋的特殊社会文化精神方面，这本书可以为我们带来无可取代的帮助。

光看书名，我们会以为这是一本写了很多“人物”故事的书，但事实上，刘劭写的不是任何具体的人——个人或众人，而是一部“人论”，或说“人物论”。这本书很有系统地介绍、讨论我们该如何认识人，又该如何评断人。

我们很清楚地想到《人物志》出现的背景和渊源，那就是从东汉开始的品评人物活动。品评人物最早的形式是清议，它是一套议论、批评掌权者的说辞，同时塑造了品评者的自我团体认同。清议人士借由批评“他们”，也就建立了“我们”的特色；“我们”

在做人做事上，与“他们”明显不同，有着不一样甚至相反的品格标准；“他们”是“浊”的，我们是“清”的。

从这样的以自我为中心的群体观念分野开始，人们评断人品高下的标准持续发展，而出现了《人物志》。《人物志》从品评人物的风气中应运而生，但又不完全一样，有其突破之处。首先，《人物志》不仅评断人才，不仅问什么样的人是人才，什么样的人应该被赋予较大的责任和较高的职位，更是处理更普遍的关于人的个性和能力的问题。也因此，《人物志》采取的就不是单一的标准，用同一根尺衡量所有的人，量出谁比较高、谁比较低，而是致力于建立分类，以多元的眼光看待人，人有多少不同的个性和能力，各自又有怎样的优点和缺点。

《人物志》依托特殊的基础来建立人物评断标准，那就是“才性”。“才性”观念的形成，促使原来汉末的“清议”转型为魏晋的“清谈”。

02

什么是“才性”

“才性”的基本概念很简单。“才”指的是一个人拥有的能力，可以外显，可以运用，可以凭借它建立事功。“性”则是天性、天赋，或者说是人内在的性质、内在的潜力。

“才性观”或“才性论”讨论“才”与“性”之间的关系。从曹魏到两晋，人们对“才”与“性”的关系基本上有四种不同主张。第一种是“才性同”，认为“才”与“性”是同一回事，人的能力都来自天性；换个角度看，我们能够从一个人在外面显现的能力，回推他所拥有的天赋如何。这是最简单的关系，却存在难以说服人的地方——如果“才”等于“性”，那为何会出现“怀才不遇”的现象？在“性”的形成和发挥能力方面，外在的环境条件真的都不会有影响，都不是变量？

于是出现了第二种主张，认为“才性异”，即“才”和“性”指的是两种完全不同的概念，是两种不同的东西。“性”是先天的、内在的、固定的，“才”却受到后天的种种影响形塑，还要看这个人遇到怎样的机会，才能表现出来。所以不能从一个人的“才”来判断他所具备的“性”。同样，一个人的“性”也不必然决定了他的“才”，无法由一个人的“性”来推断他拥有怎样的“才”，能在外在世界中如何表现和成就“才”。

从“才性异”而有了进一步的关于“才”与“性”的关系的讨论，讨论中又出现了两种不同的主张。一种是“才性合”，认为一个人会有什么“才”虽然受后天影响，然而先天的“性”毕竟是基础，必须要有那样的“性”，才有可能发展出相应的“才”。也就是说，人固然会有后天没发展出来的天赋，但一个人发挥出来的能力，其实都在原来的天赋条件范围之内，不可能超出这个范围。

与“才性合”相反的主张则是“才性离”，意味着人会有不在天性之内的才能，它们从后天的遭遇、锻炼中发展出来。天赋固然重要，却不是决定性的，我们不能由一个人的天赋判断他人生中所有可能具备的才能，也就是说，我们也不能从一个人的才能表现理所当然推断他获得的天赋。“才”是“才”，“性”是“性”，必须分别看待，各自讨论。

于是，仅仅“才”与“性”的关系这个问题就能挑激起热闹的讨论甚至激烈的辩论。而且谈“才”与“性”，也就是谈人，涉及对人的种种观察，又必然会触及现实中具体的人和事，这样这个话题更有吸引力了。

03

如何品评人物

刘劭的《人物志》就是建立在二元“才性观”的基础上，不过这本书写作的时间较早，还没有产生“异”“同”“离”“合”的立场争议。《人物志》的立论前提是“天赋之不平”，即上天是不公平的，从“性”的角度看，每个人的天赋都不一样，所以要讨论“人”，就要从“人”在天性上如何不同开始谈起。

《人物志·九征》开头便说：“……含元一以为质，禀阴阳以立性，体五行而著形……”这是沿用汉朝流行的阴阳五行概念解释人的来源。人的本质源自一个超越的、混沌的、终极的原理或力量，然后划分为阴阳两端，借由阴阳的配合而有了每个人抽象的“性”，再凭借金、木、水、火、土五行元素，造出了具体的有形之人。

刘劭接着说："凡人之质量，中和最贵矣。中和之质，必平淡无味；故能调成五材，变化应节。是故，观人察质，必先察其平淡，而后求其聪明。"意思是，人的素质最理想的是"中和"，也就是有平衡的分布，各种素质平均分配，什么都有一点，却也都不特别多。这样"中和"的理想之人，却很平凡，身上没有任何突出之处，甚至没有可以让人清楚辨识的特质。这种人身上金、木、水、火、土都有，而且都一样多，他们最善于适应各种不同的环境，不管发生怎样的变化，他们都有办法应付。

因此，我们在观察人的时候，要把握一个与常识相反的原则——先看一个人的"平淡"之处，也就是不那么特别的地方，先看他各种素质平衡分布的状况，然后再看他如何耳聪目明，也就是看他在哪个方面格外突出。

理想状态是，最好大家都是"中和之人"，这样就能构成一个完美的社会，但事实并非如此。因此，基于现实考虑，我们以"中和"为基准，然后再观察人不"中和"、无法"中和"的部分。

刘劭在这里设定了《人物志》探讨的一个基本问题：人如何偏离"中和"？偏离"中和"的理由和方向，决定了一个人的性质。不同的偏离方向，会带来不一样的结果，塑造出不一样的人。

刘劭继续写道："聪明者，阴阳之精。阴阳清和，则中睿外明。圣人淳耀，能兼二美。知微知章，自非圣人，莫能两遂。故明白之士，达动之机，而暗于玄机；玄虑之人，识静之原，而困于速捷。犹火日外照，不能内见；金水内映，不能外光。二者之义，盖阴阳之别也。"

我们感官的能力，来自阴阳。如果阴阳之间获得了完美的平衡，那么一个人会既有内在的敏锐，又有外在的光耀。这样的人是“圣人”，是现实中少见、难见的极少数。大部分的人，当然都不是圣人，也就在阴阳分配上有所偏差。如果阳盛于阴，那就形成了“明白之士”，他们是外向的，反应快速，具备行动力，相对而言却无法安安静静地进行比较深刻的思考。若是阴盛于阳，就成了“玄虑之人”，他们内向、稳重，能够掌握“静”的原理，不过相对而言也就快不起来，要做事情时，瞻前顾后，动作迟缓。

阴阳会带来不平衡，五行也会，因此就产生了各种因素不齐全、不平均造成的“偏至”。人身上重要的元素一旦有所“偏至”，就会形成各种不一样的人。五行、五物在人的身上有对应的部分：金对应的是筋脉；木对应的是骨头；水对应的是血液；火对应的是气；土对应的是肌肉。每种材质的“偏至”，导致相应的部位过度发达，从而塑造了这个人特别的个性。

金“偏至”，筋脉发达的人在个性上，就表现为强健、勇敢，能够“成其义”，坚持做正确的事情。木“偏至”，骨头发达的人在个性上能“弘毅”，在效果上则能够“成其仁”。水“偏至”，则使得人格外敏感，对细微的事物都有所精通，于是能够“成其智”。火“偏至”，气盛，整个人充满“文理”，重视行为和外表，所以有助于“成其礼”。土“偏至”则是固执，坚贞稳定，能够“成于信”，不会随便改变或失信。

不仅绝大部分的人都有“偏至”，而且不同的“偏至”会带来不同的结果，于是人就变得不同了。

陶镇墓兽，藏于南京博物馆

北齐仪仗图，山西太原徐显秀墓壁画

04

《人物志》的人物品评原理一直流传

有意思之处在于，《人物志》要探讨的不是人的普遍性，甚至不是人的理想性，而是现实中“一样米饲百样人”的多元状况。人的普遍性在这本书中被当作不必讨论的前提，从来源上就解决了，每个人都有着共同的来源——“含元一以为质”。基于这一点，我们要关心、要解释的是：人人都有同样、普遍的来源，为什么不是出现一样的人，人与人之间是在哪里以及为什么变得不一样的？

《人物志》在意的是差异，是区分。这本书所做的，是找出许多方法观察人，进而对人进行分类，告诉我们有哪些不同的人，进而讨论该用什么态度、什么方法来对待人的多样性。

最重要的是，我们应该了解构成人的成分。人由复杂的成分聚合组成，其中一种成分多了，就是“偏至”，也就形成了“偏才”。我们生活的世界，我们周遭的环境，其实就是由各式各样、多彩多姿的“偏才”构成的。因而要了解人，当然要了解“偏才”之所由来，以及“偏才”的所长和所短。

不同的“偏至”影响人的内在，也反映在人的外在仪表上。“著乎形容，见乎声色”，这意味着你的内在材质之所偏，决定了你长什么模样，又会有怎样的声音。这样的观察和归纳，部分源自汉朝流行的“相人术”。这种方法源远流长，直到今天的相命术，都还是以这套观念和方法为基础的。

刘劭建立的这套“人论”，深入中国社会，后来在中国传统中一直被沿用。比如，我们会相信，我们的外表和我们的动作反映了我们的“偏才”，就连我们创造出来的东西，也与我们是怎样的人、我们属于怎样的“偏才”紧密相连。

常言说“文如其人”，也就是什么样的人就能写出什么样的文章，从文章可以回推写文章之人的个性。中国传统的“人论”不将文章当作纯粹的身外之物，通过学习而来，也不相信不同的人可以写出同样的文章，或同一个人可以隐藏个性写出不同的文章。

还有“声如其人”和“字如其人”的说法，从一个人的声音，也就是他讲话的方式，是清是浊，是高亢是低抑，就能听出他的个性。一个人写的字也是如此，有怎样材质的人写出怎样风格的字，都有清楚而明确的对应关系。

这套“人论”有一个根深蒂固的观念：人是整全的个体，人的各个部分环环相扣，彼此呼应，无法切割，最终都与构成个人的根本材质相关。《人物志》便以这样的总括性的“偏至”或“偏才”来认识人，并品评人物。

05

如何对人进行分类

《人物志·九征》将人的多元构成进一步复杂化，提出了九种不同的元素——神、精、筋、骨、气、色、仪、容、言。同样，除圣人之外，大部分的人都不可能得到充分平衡的“九征”，而必有所偏至；一个人拥有的某方面元素多一点，他也就相应地变成某种人。

比如“神”的多寡倾向，决定了一个人会比较平和，还是比较别扭古怪。“精”的多寡，决定了一个人的个性会比较光明，还是比较阴晦、内向。“筋”的多寡，则决定了这个人是勇敢还是胆小。“骨”的多寡，决定了这个人强悍还是退却懦弱。“气”的多寡，决定了这个人是躁动不安，还是沉着稳定。“色”的多寡，决定了这个人是深沉不快乐，还是和悦欢愉。“仪”的多寡，决定了这个人在外表上是比较正常还是透着怪异。还有“容”这种元素，决定了一个人以怎样的方式来行动。最后是“言”，决定了一个人的说话方式和风格，以及连带地决定这个人是“慢郎中”还是“急惊风”。

《人物志》各篇的内容主轴就是以不同的标准反复对人进行分类，让各种分类标准彼此交杂交错，如此，创造出关于人的复杂认知，也就是承认、肯定人的多样性，能够进行近乎无穷的划分。《人物志》的特色就在于它不以一元、普遍的立场探索“人”，不是要追求统合人表面的多样性，而是相反，它对人的多样性充满了好奇和关注，要找出方法理解并突显人的多样性。

“品鉴”是一套观察人、了解人进而评判人的方法。品鉴人物的活动早于《人物志》，这种评比人物高下的习惯，影响了《人物志》的写作。关于对人物的高下评比，刘劭设定了三个等级，分别是“偏材”、“兼材”和“兼德”，这是与他的多元材质观念相配合的。

“兼德”最简单，就是圣人，也就是什么材质都平衡兼具，而其他人则都是“偏材”。不过刘劭又将“偏材”的“偏”法分成两种，一种叫“无恒”，这是最糟糕的状况。“无恒”之人的材质偏差是有矛盾的，比如在阴阳的偏差上是偏于“阴”的，却在另一方面偏向“血”或“气”，于是他有时会因朝“阴”偏斜而显得安静、玄虑，有时却又因偏向“气”而变得暴躁、易怒。不同的偏法，让这类人缺乏个性上的一致性，所以叫“无恒”。

“无恒”之外有“乱德”，“乱德”比“无恒”好些。“乱德”

意味着一个人各方面的偏差基本朝同一个方向。这样的人会出现某种个性成分过度发展，而另一些个性成分却严重不足，如此当然也受到了很大的限制，但还是比“无恒”好些。“无恒”和“乱德”都属于“偏材”。

另外还有“兼材”，意思是各种不同“偏材”的组合方式给予一个人特殊的能力，这类人也就不单纯是负面的“偏”，而是正面意义上的“兼”。“兼”得少一点的，比如在“五德”中兼有两个或有两个突出的这类人，是“小雅”；若“兼”有三个乃至四个，那就升级为“大雅”，也就是距离“五德”平衡兼备的圣人不远了。

刘劭都是从“偏材”的原则来看人，因而他对人物进行的“品鉴”，也就与过去的方式不一样了。刘劭评鉴人物，真正在意且用心的，显然不在人物高下，而在人物分类。观察一个人，其重点不在排列他的高下顺序，比较这个人与那个人谁更杰出，而是看出两个人之间的差异，并且找到适切的分类来衡量、描述其特性。要以分类定位人，这是刘劭的主张。

06

“偏材”和“英雄”都是什么样的人

《人物志·体别》说：“夫学所以成材也，恕所以推情也；偏材之性，不可移转矣。虽教之以学，材成而随之以失；虽训之以恕，推情各从其心。信者逆信，诈者逆诈，故学不入道，恕不周物，此偏材之益失也。”

这里讲到了后天因素与“偏材”的关系。在《人物志》中，刘劭主张先天“偏材”拥有决定性的意义，甚至不是后天的努力可以改变的。后天对人的改变有两种因素：一种是知识上的“学”，把本来你身上没有的“材”灌注进来；另一种是心理上的“恕”，帮助你了解别人的想法和感受。不论是“学”还是“恕”，它们能发挥的作用都很有限。

用教的方法，把原来缺乏的“材”教给他，就算他成功学会了，没有多久又会丢掉。用训练的方法，让他去体会别人不同“材”的性质，他的出发点还是自己，想来想去又绕回了以自我为中心的看法，依然按照自己的“偏材”带来的性情选择相信什么和不相信什么。

也就是说，不论是“学”还是“恕”，这两种主要的后天因素，都无法真正改变一个人在天性上的“偏材”；“偏材”会让人抗拒外在的教导和训练。

“偏材”如此根深蒂固，又难以改变，因此，《人物志》虽然在表面上张扬、表彰“中和之人”，但骨子里显然并不相信“偏材”之人有机会变为“中和”。那么对我们而言，重要的就不是讨论如何救治“偏材”使之不“偏”了，真正重要的是如何辨识乃至欣赏“偏材”。

“偏材”创造出各式各样的人，于是品鉴人物一事在《人物志》一书中获得了新的意义，不再是比论高下，而是改以品味欣赏的态度看待人多彩多姿的样貌。

“大贤以上，即不论才”，真正了不起、接近完美的人，反而不适合从“才”的角度欣赏。品鉴一个人，看的必须是他的“偏材”，而圣贤那么高大，那么完美，也就不是我们品鉴人物所要关心的了。

《人物志》铺陈了许多辨识和欣赏“偏材”的方式，这是过去不曾被突显的一部分内容。比如后世习惯用“英雄”形容和描述一个人的做法，在《人物志》中就得到了充分的讨论。“英”指的是聪明洞识的能力，“雄”指的是有胆气、有野心，二者原本是不一样的性质。但在评论汉朝开国人物时，《人物志》有意识地将这两个字合并在一起使用。

刘劭的说法是，论“英雄”，刘邦胜于项羽，因为从“雄”的角度看，刘邦和项羽两个人一样多；但换从“英”的角度看，刘邦要比项羽聪明，能够敏锐地掌握局势。

“英”和“雄”本来是两种“偏材”，但将二者结合在一起，就成了另一种“偏材”，拥有这种“偏材”的人将自己的性质充分发挥，就有了特殊、迷人之处，值得大家欣赏、讨论。

《人物志》不打算教人做圣人，这本书其实对圣人没有太大的兴趣。有缺点、不完美、不那么平衡兼备才性的人，才值得我们认真看待。而刘劭的长处，也就在于反复寻找各种分析性的架构。他最感兴趣的是对人进行分类。

07

与“偏材”对应的“理”型人

对人的分类甚至影响到“理”。人少有能兼备各种才性的，于是投射在各种“理”上。“理”也不是统合兼备的，应该用分类、分析的方式来看待“理”。

呼应“偏材”的分类，《人物志》将“理”分为四种。一种是“道理”，即比较深奥、根本的“理”，有些人擅长这种“理”，就习惯于进行抽象思考、抽象推论。另一种是“事理”，这是具体的、在人事中斡旋、协商的规则。擅长“事理”的人可以扮演领导者、协调者的角色。

还有一种，让人对是非、对错，对事务该如何以正确的方式进行，格外在意，格外敏感，这就表示他的性情与“义理”相近。而最后一种人则相反，他们感情丰沛，凭冲动行事，不那么看中是非对错，他们是接近“情理”的人。

因为热衷于对人进行分类，推源人的差异，刘劭建构了“道理”“事理”“义理”“情理”这四种“理”。“理”不再是统合性的描述，更不是超越性的抽象概念，而是与人的差异相呼应，同样按照差别而有所区分的。人的四种不同能力呼应四种不同的“理”，相反，四种“理”刺激产生了四种拥有不同专长同时也拥有不同缺点的人。

一种特性会给人带来长处，同时会带来缺点，二者永远并生共存。人身上的优点和缺点，往往出自同样的原因，都是“偏材”产生的结果。关于这一点，《人物志·材理》详细布列：

以性犯明，各有得失。刚略之人，不能理微；故其论大体则弘博而高远，历纤理则宕往而疏越。

抗厉之人，不能回挠；论法直则括处而公正，说变通则否戾而不入。

坚劲之人，好攻其事实；指机理则颖灼而彻尽，涉大道则径露而单持。

不同的特性有不同的外在表现，这种表现是两面的。有胆气勇壮之人，通常就对细节没有耐心。讨论大局势大策略时，他们眼光开阔高远，然而如果要深究细节，那他们的看法和说法就太粗糙了。

耿直的人不懂得如何迂回转弯，要他按照既有的规矩、法条做判断，他可以思虑周到，公正处置，但这种人无法变通，拒绝接受规则以外的考虑。

有些人格外重视事实，只看事实；在事实层面，他能够洞彻其间的关系，然而对全面的道理，他就无能为力了，很容易偏颇，钻牛角尖。

08

《人物志》的目的在于“识人”

前文引用三小段关于优点和缺陷共存的论述，是要让大家明白：每种“偏材”都是优缺点联结共存，这也是刘劭反复强调的一点。而且这不仅是《人物志》这本书的看法，更彰显了魏晋时代思想的特色。魏晋之人很喜欢排比、罗列，那是他们的表达习惯，更反映了他们的思考模式，正是来自他们对分类的着迷和重视。

西方启蒙运动时期，当人要离开原本以上帝为中心的信仰，重新认识世界时，也曾经有过一个“大分类时代”。什么跟什么该放在一起，用什么原则排列世界上的纷纭现象，是那个时代最热闹、最主流的思考活动。产生这种时代趋势的前提是人们要意识到世界的多样性，并且发现旧有的认知方式不足以处理如此丰富的多样性，于是不得不摸索、寻找新的架构，以便安放这些令人目眩神移的现象。

以前在命名或在意识上，人们认定了就是“一”的现象，现在成了“多”，刺激出新的需求：我们无法一一辨认、理解所有的“多”，必须找出将“多”予以简化的方式，以便掌握“多”。然而人们又意识到“多”不可能重回“一”，就只能从“多”中找出规律进行分类，这样就只需掌握相对较少、较有限的分类，不需要认识所有的个体，以免造成困扰和负担。

林奈的生物分类学借着七层结构（界、门、纲、目、科、属和种），让看起来接近无限多的动植物种类认知，成了有限、可掌握的知识体系。从此之后，遇到任何生物，人们所做的第一件事不是观察、研究个体，而是判断其所属的分类，这个物种是动物还是植物，是脊椎动物还是腔肠动物，是猫科还是犬科……

《人物志》首先承认并强调人的多样性，也就相当于承认并强调，要认识人，比原本以为的要困难得多，不能再简单沿用过去的那套观念架构。刘劭要重新建立一套应对更复杂情形的新架构，也就是按照不同原则把人交错分类。有“四理”，有“四明”，有“九偏”，有“七似”，有“三失”，有“六构”，有“八能”，等等。每个名词都是一种分类方法，按照不同原则将人分为四种、九种、七种、三种、六种、八种等。

我们会发现，有意思的地方在于，与林奈的生物分类法相比，刘劭的分类都是平行的，而不是垂直分层。每个人在每种分类中会得到一个位置，通过不同分类原则而产生极为复杂的交错。这样的分类原则产生的作用，也就在于“识人”——可以反复用不同标准观察、检验一个人，交叉对比之后，给予每个人更精确的分析图像，让我们更有效地“识人”。

在这个过程中，《人物志》另外完成了对“识人”目的认知的巨大转折。东汉的清议，曹魏月旦人物活动的背后假设是，“识人”之所以重要，是因为要“用人”，而且是站在“天下”的角度考虑什么样的人是“人才”，还要分辨出什么样的人不适合使用。人的适当与否，主要是以能不能在朝中拥有权力为标准。

到了《人物志》，“识人”活动变得如此精细，但是“用人”的动机和概念，几乎从这新建构的体系中消失了。“识人”成了目的，而不是“用人”的手段。“识人”自身有其独立的意义，不需要为了“用人”而进行。

09

从人物品评看魏晋时代的人生追求

如果不是为了“用人”，为了择别人才，那么为什么还要“识人”呢？最接近的答案或许是：因为“识人”是一件有趣的事，是一件在智识上很享受的事。在这一点上，“识人”活动与“谈玄”并无二致，“谈玄”也没有明确的用处，纯粹出自智识上的乐趣，因而吸引了魏晋的名士们。

另外，“识人”是一种“品”的活动。《人物志》提供的是“识人”的方法，名士们借由这些方法，可以更细密地“品”人，察觉、体会、讨论人的差异和人的特殊性。“品”与“用”脱离了联系，不仅“品”独立于“用”，而且很明显“品”高于“用”。

这种态度进一步影响了对人的评价，“用”的标准相对不重要了。一个人身上具备可以做官可以掌握权力的素质，这在过去很受重视，然而到了这时候，这种素质逐渐失去了那样的地位。什么样的人值得“品”，值得被观察、被讨论，乃至被赞扬呢？随着标准变化，这种趋势越来越倾向于“无用者高”。

这里出现了一种艺术性的“人学”态度，意思是，在魏晋南北朝时期，人们积极地品评人，热衷于对人的高下衡量，尤其是在《人物志》之后，“识人”的活动与“用人”的功能分开了，具体、现实的标准逐渐被放弃，取而代之的是比较接近艺术欣赏般的态度。“识人”不在于找到可以用的人，而是要找到值得欣赏的人。一个人之所以值得欣赏，往往就因为他身上具备毫无实用性的特色。

魏晋时期欣赏人物，大致有两个基本标准。第一个是“神采风姿”，一种与生俱来的气质。第二个是后天所获“识见”，也就是他的看法、见解、体会、思考，更重要的还有表达看法、见解、体会、思考的方式和风格。

这种艺术态度的“人学”，或说“品人”的方式，首先讲究“清逸之气”。“清”是这个时代的关键词之一，一部分从东汉承袭而来。汉末士人重视清浊之分，不过他们概念中的“清”和“浊”指的是道德上的纯真与虚伪之别。到了魏晋时，“清”的意义转为“清逸”，多加了“逸”字，也就是要脱逸于既有的规矩、框架之外。汉末之人想象的“清官”是在自己的职位上认真、正直，不偷懒、不贪污。把这样的人放到魏晋看，反而成了“浊官”，就意味着他们没有个性，缺乏自我风格，只知道遵循既有的规范，缺乏能与世俗拉开距离的“清逸之气”，相对来说就没那么值得肯定了。

六朝官场对官员最重要的区分在于有做事的官和不做事的官。前者按照官职的需求行事，随时处于固定规范的约束之下，那是“浊官”。等级高的“清官”则不需要这样做，他们的地位正是来自不理会、无须理会官职的要求。建立和维持这样的“清浊”标准，必须凭借“门第”，即高度贵族化的社会结构，于是“清浊”之分也就不可能真的是个人层次上的。只有出身贵族门第的人，才有余裕当那种不做事、不用做事的“清官”，而寒门出身的人就只能乖乖地当“浊官”了。

表现出“清逸之气”的“清逸之士”必然与别人很不一样。魏晋人物突显价值的第二种方式是追求“风流”。我们回到“风流”二字的基本意义，它是指“如风之飘，如水之流，不立故常，自在适性”。“风流”一方面与自然有关，即人表现出一种不造作、不勉强、亲近自然的特质。“风流”另一方面指向个别性、特殊性，不落入既有的、固定的行为和言谈模式中，不勉强自己配合、适应模式，而是在模式之外表现出属于自己的特殊情性。

从《人物志》开始，魏晋之人的基本态度是对圣人存而不论，完美的圣人没有什么值得欣赏玩味的，而值得欣赏的是非常、非故、突出、特异之士，是“旷达无所成”之人。

“旷达”，表示这个人对一般世俗的规定、标准不放在心上，随性自在，具备自然“风流”。这种人因而也就不会有世俗的成就，“非不能也，不为也”，他们主观选择做一个“清逸之士”，不接受世俗的各种束缚。

曹雪芹曾经如此形容《红楼梦》的主角贾宝玉："潦倒不通世务，愚顽怕读文章……富贵不知乐业，贫穷难耐凄凉。"这是一个缺乏一般处世能力，又不耐烦领会正常文章的人。富贵时，他没有能力营生维持；一旦沦落贫贱，他就更没有本事可以度过困窘了。

这叫"四不着边"，光听如此描述，这人简直一无是处。但读《红楼梦》的人再清楚不过，贾宝玉果然符合这样的"四不着边"，可是他在小说中却再迷人不过。

牟宗三先生在谈魏晋思想的《才性与玄理》(台湾学生书局，1989 年)一书中，便借用贾宝玉的"四不着边"来形容魏晋时代品鉴出来的"名士"。"名士"是"天地之弃才"，具备的是不完整的甚至极端材质的"偏材"，而且是无用的"偏材"。但这无用的"偏材"却同时不入流俗，这类人有"风流逸气"，那种无所用、不知所用的人，格外带着特殊的魅力。

当然，如此抬举"名士"，任随那么多"天地之弃才"不为所用，只是供人欣赏，需要一定的社会条件。贾宝玉的"富贵不知乐业，贫穷难耐凄凉"，前提条件是得先富贵过。因为魏晋门第的形成，中古中国出现了贵族社会，这使得世族子弟可以既拥有发挥才能的机会，也有充分的条件放弃这样的机会。

要成为"天地之弃才"，一方面要有"才"，另一方面也要有背景，让他可以不需要被"用"，可以自我放弃而去发挥"无用之才"。贵族社会支撑了这样的"人论"，这样的"人论"创造了我们在中国历史上不曾见过的品鉴人物的潮流，这是一种带有高度艺术性的态度，无实用价值，以欣赏本身为目的。

如此态度品鉴出来的“清逸之士”和“风流之士”，与“名教”之间当然有一定的距离，会产生一定的紧张关系。其内在价值是要摆脱“用”所带来的束缚，从另一个角度看，这也就意味着在那样的社会里，要得到别人的欣赏、尊重、抬举，必须表现出“无用”的特性。于是，无可避免地，他们的生命态度会倾向于虚无，也就是不讲究甚至反对追求人生意义。追求便带有工具性，工具性会伤害一个人的自在、风流、清逸。

正是认识了那个时代流行的生命虚无的态度，我们才能更准确地解释，佛教何以在这个时期开始产生可观的影响。佛理所持的生命态度，强调偶然，强调因果凑泊，反对既有规范，也是带有虚无特征的。对人物价值的翻转、虚无化，进一步铺下了接纳佛教，对佛理进行“格义”吸收的道路，最终使得佛教开始中国化，成为中国思想中一个重要的新鲜元素。

10

《世说新语》是一部品鉴人物的奇书

在呈现六朝时期对人的品鉴上，最鲜活的记录当然是《世说新语》。《世说新语》是一部奇书，前无古人后无来者，我们也找不到其同类。没有一个清楚的书籍或文学传统，可以让我们把这样一本书摆放进去，在某种脉络中认识、理解这样一本书。

由刘义庆编撰，刘孝标加注的《世说新语》是一本什么样的书？可以说它是由前面介绍的六朝品鉴人物的态度衍生出的一份执着、执迷的记录。也就是说，这本书是品鉴人物的观念和行为发展到极致时产生的对各式各样人物的描述。

《世说新语》的品鉴态度，比《人物志》还要极端。《人物志》强调“偏材”之重要，从“偏材”的角度看待一个个不同的人，而且在立场上，《人物志》仍然是以个人为单位的。但到了《世说新语》中，不看普遍而看特殊的态度更强烈了，强烈到品鉴时只是撷取人生活当中的某个片刻，看那片刻所展现出的独特灵光。

在正式的架构上，《世说新语》也对人的不同素质做了高下分类。一开头是“德行”，表示“德行”是最高、最重要的素质。“德行”之后是“言语”，“言语”之后才是“政事”“文学”“方正”“雅量”等。从这里我们又可以看出六朝的价值观念转移。“言语”开始变得如此重要，一个人会不会说话，是否能说出特别有意思的话，在评量、品鉴上的分量上，仅次于“德行”，且高于处理政治和文字表达方面的能力。

从正面素质到负面素质，编撰者一路排下去，将人的行为事迹分门别类整理摆放。有意思的是，很多人在书中都出现过很多次，而且分散出现在前后不同的篇章里。也就是说，对同一个人，《世说新语》既记录了他的正面行为，也记录了他的负面事迹。它非但没有要告诉我们谁是好人谁是坏人，甚至也没有要像《人物志》一样，帮助我们从“偏材”的角度了解一个人，辨识他究竟属于哪种“偏材”。

《世说新语》对人的记录和表现，十分零碎。《人物志》告诉我们人具备各式各样的特殊性，而到了《世说新语》，它根本不是品鉴一个人的特殊性，而是品鉴一个人的特殊行为。人生片段的言行，取代了整个人，成为《世说新语》品鉴的对象和单位。书中搜罗的，是一个个不同的人在“偏材”上的种种极端表现。

这里评判人物的标准，就不可能是平直中正的了，而是走向极端，所记录的都是最聪明的语言、最愚蠢的语言，最聪明的行为、最愚蠢的行为，最清逸的行为、最庸俗的行为，等等。基本上只有符合最高级形容词用来修饰的内容才值得收入《世说新语》。

这是一本“风流之书”“清逸之书”，也就是魏晋精神中那种品鉴人物的态度发展到极致，才可能产生的一本奇书。书中采取的标准和态度是六朝的，不过书中记录的不完全是六朝的人，有远溯至汉魏时期的。比如第一篇“德行”中出现的几乎都是汉魏时期的人。汉魏时期的人有“德行”，之后的时代不再那么强调“德行”，也就没那么容易找到范例了。

这本书是用六朝的透镜重新审视过去的人和事，也就带着一定程度的扭曲。比如《世说新语·文学》记录了一桩谋杀未遂案，主角是马融，谋杀的对象是郑玄。这样的传言显然是不可信的。其中反映出来的，不是汉朝经学大师之间发生了什么事，而是六朝人所认为的值得知晓、值得记载的事情。

正常的行为、正常的人际关系、单纯的事实和有凭有据的情理，都无法引起这个时代人的注意。相对而言，说马融忌妒郑玄到想谋杀他的程度，在新的标准下才会被选入《世说新语》。书中所有的片段小故事都具备彰显人与人之间最大差异的功能，让我们恍然大悟：原来人与人之间可以相差到这样的程度！这些故事展示了广阔的人论光谱，帮助我们在思考人性、人之所以为人的时候，获得不一样的启发和刺激。

竹林七贤与荣启期画像砖，藏于南京博物院

文官出行仪仗图（局部），河北磁县北朝壁画

11

《世说新语》的修辞方法很独特

另外，《世说新语》比《人物志》创造出了更多用来描述和品鉴人物的语汇和文字表达方式。那样的语言和表达，充满了戏剧性，与书本身要传达的人物极端风格，是彼此呼应的。所以我们在阅读这样的文字时，也就不能将之简单地视为实录，而是应该在某些技巧上做好欣赏的准备。

比如书中第一则故事：

陈仲举，言为士则，行为世范，登车揽辔，有澄清天下之志。为豫章太守，至，便问徐孺子所在，欲先看之。主簿白："群情欲府君先入廨。"陈曰："武王式商容之闾，席不暇煗（亦作'暖'）。吾之礼贤，有何不可！"

首先短短几句话，形容陈仲举这个人：他说的话可以为士人提供准绳，他的行为可以当作所有人的典范，他的风度和气度是站在车上，拿着缰辔，油然而生使天下摆脱动乱、失序状态的大志。

他被任命为豫章太守，刚到那里就问徐稚在哪里，要先去找他。有人劝他，按照道理应该先进官署再说。他却对这种“道理”表现出不满。他用了周武王的典故，说的是当年周武王刚攻下朝歌，座位都来不及坐暖，就急着赶到商容家门口去行礼致意了。以武王为标准，他不进官署，而是先去看徐稚，哪有什么问题！

由这个故事带头，《世说新语》接着记载了一系列“礼贤”的事迹，而且一个比一个夸张。有的是找到一个贤能之士，全境人民就能安定生活了；有的是几天见不到一个贤能之士，人就变丑变臭了。这些记载显现的，是一种关于人物的独特修辞，要让人物的面貌不寻常地浮现在纸面上，从而影响读者看人看物的基本认知。

第 三 讲

佛教东来与中国思想大变迁

01

佛教进入中国

佛教在中国的重要发展期，正是中古，从汉末到五代这段时间。这段时间里，佛教逐渐成为中国人生活中一个重要的元素，进而成为中国社会价值观念的一个核心。也就是说，中国人如何判断是非对错，如何看待生活的意义，如何进行日常的选择，在这些涉及价值观的方方面面，都受到佛教越来越强烈的影响。

从上古到古代，中国的“核心价值”是由儒家、儒学来决定的；宋朝以降的近世历史时期，儒家、儒学卷土重来，规范了中国社会的“核心价值”。而正是在中间的这个中古时期，儒家、儒学的主流地位丧失了，佛教兴起，代表了新兴的思想、信仰势力。甚至到了宋朝之后，卷土重来的儒家、儒学，其实已经与原始儒家有了相当大的差异，这差异主要也是因吸收佛学教义、回应佛教冲击而产生的。

佛教是明显的外来思想，源自远方的天竺。佛教如何跨越这么远的距离传入中国？主要就是通过西域。佛教的东来，与汉朝通西域是明确相关的，如果没有汉朝与西域之间的密切往来，就不可能会有佛教在中国的种种变化发展。

佛教的东传与西域的大月氏人有直接关系。大月氏人原本居住在南疆，即今天的新疆南部地区，由于公元前 2 世纪匈奴势力向西扩张，大月氏经葱岭（今帕米尔高原），迁徙到中亚地区，带来西域和中亚地区诸国疆域的连锁变化。大月氏人在中亚逐渐扩张，建立了范围广大的贵霜王朝（约公元 1 世纪至 5 世纪）。贵霜王朝与印度接壤，这个王朝出现了好几位尊崇佛教的君主，成为佛教进入中国的媒介。

佛教进入中国最早的证据之一，是西汉哀帝时大月氏的使者伊存口授的《浮屠经》。《浮屠经》的原本已经亡佚，目前还能看到最早的内容是三国时期的史书《魏略》中的引文。通过《浮屠经》的相关史料，我们至少能知道，伊存是汉朝通西域后，由大月氏派到汉朝的使者，他有基本的汉语能力，用口述的方式翻译了佛教的基本内容，由一个叫景庐的汉人协助记录下来。

东汉之后，出现了《牟子理惑论》。“牟子”是牟融，他的确实身份不明，应该是东汉后期的人，他的学问基础应该是“黄老之术”，尤其是老子之言，但同时涉猎佛教。他会通《老子》与佛教，写了《牟子理惑论》，其中写道：

昔孝明皇帝，梦见神人，身有日光，飞在殿前，欣然悦之。明日，博问群臣："此为何神？"有通人傅毅曰："臣闻天竺有得道者，号之曰佛，飞行虚空，身有日光，殆将其神也！"于是上悟，遣使者张骞，羽林郎中秦景，博士弟子王遵等十二人，于大月氏写佛经四十二章，藏在兰台石室第十四间。时于洛阳城西雍门外起佛寺，于其壁画千乘万骑绕塔三匝。又于南宫清凉台，及开阳城门上作佛像。明帝存时，预修造寿陵，陵曰"显节"，亦于其上作佛图像。时国丰民宁，远夷慕义，学者由此而滋。

永平年间（58—75 年），东汉明帝做了个梦，梦见一个身上披着光辉的神，飞到殿前。明帝梦见神人时感觉很舒服、很高兴，醒来后就问大臣们："有谁知道这是什么神吗？"大臣中有一个特别博学的傅毅就回答说："我听说远在天竺有得道的圣人，叫作'佛'，可以在虚空中飞行，身上闪着太阳的光辉，皇上梦见的应该就是这个神！"

明帝被傅毅的说法说服，于是派了十二个人，到了与天竺有密切往来的大月氏，抄了四十二章佛经。《佛说四十二章经》按照流传下来的内容来看，应该不是单独一部佛经，比较接近是佛经的摘要，其四十二章，每章都是一段简短的摘要说明。

抄写回来的《佛说四十二章经》被尊崇地收藏在皇宫藏书阁的第十四间。与此事件同时，明帝又在国都洛阳城门外，盖了一座佛寺，佛寺里有漂亮的壁画，上面画着千万匹马围绕一座塔排列三圈的模样。

另外，明帝还命人在南宫清凉台和开阳城门上画佛像。明帝活着的时候，为自己预造的陵墓，叫“显节陵”，里面也画了佛像。那个时代汉朝国力强盛，外来的人很多，也就刺激了佛教的散播，学习、信仰佛教的人越来越多。

由《牟子理惑论》的记录，我们知道东汉皇室已经接触了佛教，而且表现出对佛教的浓烈兴趣和善意接纳。这样的态度，应该与后文将要谈到的楚王刘英有很密切的关系。

02

佛教面对谶纬、黄老和清流

从西汉末年经过王莽的新朝，一直到东汉初年，谶纬之学盛极一时。在构建政权合法性基础和推动政权转移上，谶纬都发挥了很大的作用。东汉光武帝在崛起到稳固统治的过程中，也曾经有赖于谶纬的加持，才能由相对边缘的皇室后裔，一路上升取得正统地位。

影响所及，光武帝的儿子们，都与图谶、鬼神方术有关系。比如，史书上记载济南王刘康，说他“不循法度，交通宾客”，而且他身边经常围绕着许多人，包括渔阳颜忠、刘子产等“州郡奸猾”。他如何“不循法度”？他的宾客们又如何“奸猾”？最主要的罪状是“作图谶，祠祭祝诅”，也就是私下动用超自然力量为自己求非分之利，而长期以来这种力量都涉及政治、涉及权力，于是运用这种力量本身就足以惹来猜忌。

另外有广陵王刘荆，他的问题出在“迷于孽巫……广陵敬奉李颁”，刘荆为了这个号称有神力的李颁而“倾竭府库”，而且“常使巫祭祀祝诅”。

更有名的是楚王刘英。前面提到济南王招募的宾客之一渔阳颜忠，后来到了楚国改投楚王刘英。明帝永平八年（65年），“诏令天下死罪入缣赎”，也就是皇帝下诏准许犯了死罪的人，可以借由捐献赎罪，得免一死。楚王刘英响应这个诏令，“奉黄缣白纨三十匹”。他并没有犯什么重罪，而是表示自己或许曾经犯过什么错误，就都赎了，先求皇帝原谅再说。

刘英的捐献决定由国相报到朝廷上，皇帝特别回诏：“楚王诵黄老之微言，尚浮屠之仁祠，洁斋三月，与神为誓，何嫌何宜，当有悔吝，其还赎以助伊蒲塞、桑门之盛馔。”

皇帝告诉他那三十匹布不必送来了，因为皇帝知道他是个好人，不会有罪。皇帝掌握的信息显示，刘英平常喜爱黄老和浮屠，依从仪式敬畏神明，所以就让他把那三十匹布拿去帮助佛门的在家居士和出家人。“伊蒲塞”是在家居士；“桑门”则是“沙门”，也就是出家人。

由此我们知道，东汉初年，在光武帝儿子辈的贵族中间，佛教已经开始流行了。佛教进入中国，有两项特色：第一是受皇室的喜好，第二是经常与“黄老”搭配在一起。东汉史料中经常是“黄老”与“浮屠”并称的。

汉朝官方意识形态虽然在汉武帝之后转为“独尊儒术”，但

“黄老”一直保持着很大的影响力。汉武帝之前，“黄老”是无为而治、与民休息的一套治术指导原则，到了西汉末年之后，成了一套道术或方术，是一套通过阴阳五行控制自然或超自然力量的办法。

佛教刚进入中国，所接近的“黄老”，是作为道术方面的“黄老”，对祭祀、仪式的强调，远超过对观念、思想的重视。术相对容易模仿、流传，不像观念、思想需要翻译、解释。

东汉桓帝时朝廷出现“清流”，当时自命敢言的“清流之士”襄楷曾经上疏直言批评皇帝：

> 又闻宫中立黄老、浮屠之祠。此道清虚，贵尚无为，好生恶杀，省欲去奢。今陛下嗜欲不去，杀罚过理，既乖其道，岂获其祚哉！……今陛下淫女艳妇，杜天下之丽，甘肥美饮，单天下之味，奈何欲如黄老乎？

文中将“黄老”与“浮屠”并列，表示听说宫中祭拜“黄老”和“浮屠”，而这两种道术的基本精神，是讲究“清虚”“无为”的，即抑制欲望，去除奢靡。然而皇帝的做法，既不“清虚”，也非“无为”，充满奢侈欲望，而且还残酷嗜杀，这样怎么能得到“黄老”和“浮屠”的庇佑呢？独占全天下的美女，享受全天下的美味，过这种生活，就算再怎么拜“黄老”和“浮屠”，又有什么用？

这就是东汉的“士节”，要当清流，要突显自己的精神，就要用这种不怕得罪当权者、不怕死的态度与皇帝说话。借由襄楷如此凶悍直言，我们可以知晓：在士人眼中，“黄老”与“浮屠”没有分别，而且至少在宫廷里，“黄老”和“浮屠”都是高度形式化的，以祭拜祈福为主，虽有“清虚”“无为”的基本价值信念，但信念和仪式是可以分开的，而且通常是分开的。

03

佛教初入中国时，依附于黄老之学

佛教进入中国，遭遇的一个问题正是与“黄老”牵扯不清，脱不开来。尤其是“黄老”这边还会有意识地将佛教纳入，将其变成自身的一部分。比如早期道教的重要文献《三洞珠囊》中，便有“老子化西胡品”，说老子原本是周代的“柱下史”，后来西行出关，遇到了关令尹喜，在尹喜的恳求下，留下五千言的《道德经》。写完《道德经》之后，老子骑牛出关西去，到了西国，化身为佛。所以“佛”或“浮屠”，也就是老子。

老子在西国创造了六十四万的经书，留给“胡王”，然后又回到中国。回来之后，他仍然勤于制造经书，于是又有了《太平经》。按照《三洞珠囊》的说法，《道德经》、佛经和《太平经》通通都出于老子一人之手，那么理所当然，道家、佛家和道教就都分不开了。道家和道教原本就纠缠不清，这下子更是将外来的佛教一并纳入进来，这是人们将“黄老”“浮屠”并称所指涉的内容。

这一度是非常流行的说法。《三洞珠囊》里留的只是部分片段，今天已经失传的《老子化胡经》应该有更详尽也更夸张的描述，说明老子如何在西方变成胡人，又在天竺胡国经历了哪些事。

中国的皇室在形式上统御朝廷，然而在思想、信仰取向上，却与朝廷的士人、大臣有很大的差别。士人尊奉的是高度理性化的儒家价值观念，根本上是反对各种诅术迷信的，然而皇帝及其家人，在他们的宫廷生活中，却反而充满了各种超自然的信仰和想象。这样的态度与士大夫很有距离，反而比较接近民间底层的小传统。

汉朝皇室流行的“黄老”和“浮屠”，那种祭祀法术性的方式，不受士人青睐、信任，却跨过了士人代表的大传统，影响到民间底层，与《太平经》代表的道教结合在一起。

佛教进入中国的第一阶段，没有独立性，不论在皇室还是在民间，都依附在“黄老”之上，甚至被视为“黄老”的一支。不过佛教毕竟没那么简单，它不仅仅是一套超自然的迷信和仪式。从《三洞珠囊》的文字就能知道，中国人已经意识到了佛教最大的特色所在。故事中，老子出关只留了五千言，然而到了胡国变成胡人之后，却一口气写了六十四万言！

为什么是六十四万言？因为那时候的人不能不注意到佛教有庞大的佛经，这些佛经的规模远超想象，而且这些佛经，在原来的佛教系统中显然极其重要，不容忽略。

如此庞大众多，分别以巴利文和梵文存留下来的佛经，需要不少时间才能被中国人吸收、理解。比较正统的佛教思想进入中国，《四十二章经》应该是个重要的起点。《四十二章经》可以说是一份佛理简介，以短语和短文的方式，集中呈现了佛教的要点。这本经书没有严谨的系统，却可以快速地呈现佛教的基本面貌。

到了东汉末年，一方面西域受佛教影响越来越深，另一方面中国与西域的交通来往越发频繁，于是就有一些西域来的人士，开始在中国认真翻译佛经，比如安清、安玄、支谶、支谦等人。这些都是他们的汉名，名字里有“安”字的表示来自“安息”（波斯），有“支”字的表示来自“大月氏”，另外带有“康”字的，是从“康居”来的，中国佛教与西域关系最密切的，主要就是这三个地方。而“清”“玄”“谶”“谦”等字，又清楚显示了他们与黄老思想、道教道术之间的关联。

这些人比较忠实，也比较有计划地翻译佛经。不过要能在那样的环境中受到重视，让佛教吸引更多人注意，他们仍然得符合当时社会的一些基本预期。比如在《高僧传》和《安般守意经·序》中有描述安世高，也就是安清的段落：“……七曜五行，医方异术，乃至鸟兽之声，无不综达……故俊异之声，早被西域。”说的是安清的盛名来自他精通各种方术，甚至被认为知晓鸟兽的语言。所以人们对他的印象基本上是个魔法师，他凭借魔法从西域扬名，一路红到中国。

04

佛教的轮回观念对中国的冲击

初期与“黄老”混杂之时，佛教最吸引中国人的，也是能对“黄老”道术信仰发挥补充作用的，是佛教的神灵不灭、报应轮回的观念。佛教主张灵魂不会随着人的肉身死亡而消失，它会一直存在，在轮回中流转。人的所作所为都形成了“业”，积累在灵魂上，好的“业”让人在轮回中上升，坏的“业”让人在轮回中堕落。而要有轮回，要与轮回的不爽因果联结，就一定得相信灵魂不灭。

汉朝中国人的生死观中，相信人由阴阳二气所构成，阴阳二气凝聚而有生命，因而死亡也就是阴阳离散，阳气成“魂”向上升，阴气成“魄”往下走。也就是说，死了之后，阴阳各自复位，又成了大自然的一部分，回归自然；如此一来，我们生时所熟悉所依赖的自我意识，就消失不见了。死后，“我”就没有了，只剩下分散了的阴气和阳气。

这样的自然主义死后观，一来使人不安，二来也无法充分解释一般流传的信念，比如，那神鬼是怎么来的，神鬼又是按照什么样的道理存在的？难道完全没有神鬼，都只有气？连神鬼都没有，人死了就彻底消失，这样的死亡很恐怖。

佛教信仰在这方面显然比原有的自然主义解释更有用。佛教的轮回学说既保证了灵魂一直存在，人死了不会是彻底、绝对的灭亡，让人面对死亡时不至于那么恐慌，又让生者假想死者仍然存在于某个异度空间中，安抚生者的伤痛；除此之外，轮回和报应的说法，还能解决在一般人心中最困扰的伦理困惑。

比如，好人为什么没有好报？善人为什么得不到善终？坏人为什么常常可以坏到底，躲过了各种惩罚？如果善恶不会招引来对应的结果，那人为什么还要为善避恶？尤其是如果为善必须付出代价，为恶能带来好处时，要如何获取动机维持为善避恶的决定？

对于这些现实的伦理困惑，中国民间原本最有影响力的说法是，这些问题的答案伴随着特有的以家族为中心的社会结构而来，简而言之，就是“祸延子孙”四个字。一个人所作所为不一定会反映在他活着的一生里，而是会延迟发作，报应在他的家族后裔身上。做好事的，今生没享受到好处，却能庇荫儿子、孙子，给他们带来好处；做坏事的，自己死前没受到惩罚，就会储存着灾祸，感染子孙，使他们倒霉遭灾祸。

这样的想法，在中国社会流传了很久，甚至到现在都还有一定的影响力。不过在根底上，前人所做的事，却由后人来承担结果，尤其是“祸延子孙”这种事，毕竟带着无奈的不公平。人们可能会想：不是我做的，我是无辜的，为什么只是因为我的祖先做了坏事，就该由我来承担，来付出代价呢？

相较而言，佛教的说法要公平得多：报应会通过轮回报在你自己身上。轮回中都是苦，除非能入涅槃停止轮回，但如果你这一世做得好些，积累的因果业报会让你下一世苦少一点；相反，如果你这一世做得坏些，下一世也就往下堕落变得更苦。而且随着好坏，每一世轮回会让魂灵更接近或更远离轮回的止息，也就是更接近或更远离永恒的超脱。

05

“省欲去奢”的教导

佛教刚进入中国时，中国人很不容易理解佛教追求的终极目标：一切定静止息的涅槃。不过，从此世到涅槃过程中的轮回上下，相对容易理解，对人们产生了很大的冲击。东晋袁宏《后汉纪·明帝纪》说：“又以为人死精神不灭，随复受形，生时行善恶，皆有报应，故所贵行善修道，以炼精神而不已，以至无为而得佛也。”意思是，肉体死了精神却还在，换个形体继续存在，承受前面活着时候的行为后果，因此必须不断行善修炼，最后到达“无为”的最高境界，也就是“佛”的境界。

这里就借用了道家的“无为”来解释佛教的涅槃。文中又强调：“然归于玄微深远，难得而测，故王公大人，观生死报应之际，莫不矍然自失。”我们很容易了解轮回的基本道理，然而其运作的细节却很复杂很神秘，不是能随便能讲清楚和掌握的，因而面对生死报应问题时，即便是有权力、有智慧的人，都不得不为之戒慎恐惧。

一旦相信了轮回的主张，人就不得不开始思考报应，进而意识到生命中许多幽微的因果关系。这里有根本的善恶、得失种种评断，相当于给了人一份特殊的危机感，觉得不再对自己的生命那么有把握。尤其是对本来过得好好的“王公大人”来说，本来可能只在意当下现实的享受，这时却不得不想：这样的享受对吗？此世的享受是否会让我来世变为畜生，并使我越来越远离那永恒的极乐呢？

佛教认为欲望是痛苦的源头，一个人进入轮回最困难之处，就在于有欲望。欲望带来痛苦，只有消除欲望才能到达没有身体、生命羁绊的涅槃至福状态。简而言之，要在轮回中上升而不下降，就得“省欲去奢”。这也就是为什么要特别提“王公大人”，说他们“莫不矍然自失”，因为他们过着奢侈的生活，有着最多的欲望。

“省欲去奢”的训诫，又使得佛教与道家接近。《老子》说：“五色令人目盲，五音令人耳聋，五味令人口爽，驰骋畋猎令人心发狂，难得之货令人行妨。是以圣人为腹不为目，故去彼取此。”老子以吊诡的辩证，点出过度的感官刺激会使人麻木，反而无法享受正常。因此，要得到真正的满足、更高的满足，就必须节制欲望。

不节制和大刺激只会带来边际效益递减的麻木，相对而言，节制和一点点小刺激就能带来极大的满足、更高的满足，这是道家和《老子》原本就有的观念。佛教的“省欲去奢”在此与黄老无为哲学中低调处理人生的主张相呼应。

不过佛教的教义还是有些部分超出了中国人的理解，让中国人感到意外，难以接受。比如，道家的“省欲去奢”，更像是节制饮食、男女享受，是为了养生，而养生是为了求取长生。然而，佛教假定人的精神、灵魂一直存在，没有必要追求长生，相反却要追求精神的死寂，让精神不再动，不用继续在轮回中受苦，实际上也就是求取精神的熄灭。这与道家的主张，其实是相反的。

06

佛教禅定的特殊方法

佛教“省欲去奢”的方式中，有些是中国人无法接受的。在《太平经》里，就有对佛教提出的“四毁”批判。前面两个批判涉及出家，一个是“弃父母”，一个是“弃妻子”。出家了不照顾父母，更没有了妻儿子女，这是“无后”，挑战了中国社会的核心价值观念。

后面两项涉及佛教的修炼，尤其是刚传入中国时让中国人特别无法接受的方法，一个是“吃粪饮尿”，这其实是来自印度的苦行传统，一方面刻意忍受一般人无法忍受之苦，另一方面用这种极端手段断绝饮食享受的欲望。还有一个是不断思索死亡，借此不害怕死亡，不逃避死亡，能将此生此世的生死看破。

这些方式对当时的中国社会来说，显然太极端、太激烈了。

尽管在“省欲去奢”上，佛教与道家有相通之处，然而佛教多了很多道家没有甚至与道家观念相反、难以调和的内容。仅仅在“省欲去奢”一事上，佛教诉诸出家或苦行或观生死的方法，就比道家、道教更激烈、更极端。

道家的“省欲去奢”，是以养生、长生为目的，让人愿意牺牲一时的欲望满足，并没有严密的方法。佛教则不然，前面提到安清翻译的佛经，依随他的背景，主要以上座部（Theravada）的经典为主，尤其集中在与“禅定”（dhyana）相关的文献。

上座部重视的“禅定”与后来大乘佛教中的“禅”不太一样。上座部重视的不是理解，更没有语言的巧妙辩证。他们所说的禅定是一套训练方法，有严密的训练要求。

禅定有几个主要的训练程序，其中一个是“持息念”，也就是对呼吸的控制。呼吸是生命的根源，而呼吸又是最自然、无意识的行为。禅定的起点就是将非意识、无意识的行为提升到意识层次上来，使得呼吸不再那么理所当然。感受呼吸，进而控制呼吸，也就意味着通过意识改变呼吸的方式和呼吸的频率，乃至呼吸与生命之间的关系。

禅定修炼中有很大一部分内容与呼吸有关，很容易与道教的“呼吸吐纳”相联结，有助于佛教修行方法传入中国。不过佛教禅定的终极目的不是养生，而是控制、去除欲望，从欲望之苦中解脱出来。“禅观”中有“不净观”，是要借由意识的专注，创造一个仿佛内在的眼睛或眼光，观察自己身体中平常看不到的种种现象。

察觉呼吸，看到自己血液循环，看到肌理腱纽等，然后进一步具体化这内在眼睛之所见。看到自己作为人最污秽、最不堪的景象，逐渐摆脱作为一个人而有的种种想望，去除最根本的为了活着而活着的欲望。这只眼睛看到了充满欲望的生命之“不净”，看透了欲望的虚妄本质。从“不净观”看去，一个引发欲望的绝色美女，不过就是“革囊盛血”，一个里面装了血的皮套子，有什么值得追求、值得依恋的呢？

“不净观”带来平等观，美人丑人同样都是“革囊盛血”，哪有什么根本的差别呢？“不净观”还可以破除人们对变化的错误执念。你所看到的皮囊、肌肉、血管等，都无法持久。从内在的眼睛我们会看到，一旦生命离开，这个躯体便开始腐化，再美的美女都必然变成一堆长出虫蛆的腐肉，变成一堆白骨。你自己的身体亦若是，没有什么可以抗拒变化的恒久本性。

一个如此修炼的人，可以借由“禅观”具体地看到自己身体每一分每一秒都在变化，都在朝向终极的毁败行进，因而得以坚定对无常的信念，摆脱对欲望和生命的执着。

“持息念”很容易被中国人接受，但“不净观”就不一样了。用这种方式看待生命，甚至用这种方式修炼，与中国人的传统观念就有比较大的差距。

佛教说“省欲去奢”，也只是表面上接近中国既有的价值观。佛教传统中，“省欲去奢”，除了个人修行之外，还需要庞大的集体规约。这些规约构成了佛教中的“戒律”，佛经里有复杂的“律”部。这些戒律传入中国，也没那么容易理解，更难被遵守了。

比如，佛经中提到的简单戒律“不三宿菩提”，表示佛陀不会在同一棵菩提树下待三个晚上，重点是不养成习惯，不依赖环境提供的方便，才真能“省欲去奢”，也才能保持对变化无常的敏锐感受。这样的想法对中国人来说，很难理解，更难遵从。佛教思想进入中国的早期，戒律并不那么受到重视，只有零零散散的介绍，并未出现系统地吸收。

07

佛教与中国思想的冲突

佛教教义传入中国，在社会上留下的另一个强烈印象是“戒杀乐施”。“戒杀”观念本身，中国当然也有，然而佛教主张的程度显然不同：不仅不能杀人，而且是原则性地不杀生，尽量不夺取任何形式的生命。

从方术到道教，没有戒杀生的。祭礼、牺牲在他们的仪式中相对还是很重要的。不杀生的原则给中国社会带来了新的刺激。佛教不杀生的原则，是与轮回观、平等观密切结合在一起的。从轮回看，今世为人不代表你世世为人，六道轮回中你很可能就成了动物，成了被杀当作牺牲献祭或被杀来吃的对象。人的生命与动物的生命没有本质上的、绝对的差异，在轮回中是平等的，可以互换的。如此一来，仅仅不杀人就没有根本的意义了。

中国人原本相信，人的特性就在于人与动物的绝对差异。孟子问：“人之异于禽兽者几希？”就是一定要弄清楚人与禽兽之间根本的区别。但在佛教的思想中，这种绝对差异被泯除了。因此，轮回观带来的巨大吸引力，连带地迫使中国人不得不在佛教的逻辑中思考这个问题。花了很大力气，费了很多时间，中国社会逐渐接受了佛教式的“戒杀”主张。

另外，中国传统人伦强调“仁慈”的重要性，但“仁慈”却与“布施”或“好施”无关。中国人的“仁慈”是局限于家族亲属关系之中的，是长辈对晚辈的特殊情感和行为，也就是说，传统中国的“仁慈”是有特定对象的。佛教所主张的“布施”或“好施”，在中文里一度被译作“大仁”，突显了这样的“仁慈”是没有对象限制的。一个人把自己所拥有的交付出去，让别人享受，让别人拥有，借此达到自己“省欲”的目的，这种精神对中国社会来说是新鲜的，也是中国社会需要花一些时间才能吸收、消化的重要观念。

佛教修炼所要达到的终极目标，在佛教刚传入中国时，为了能让中国人理解和接受，被译作“神通”。从康居来的出家人康僧会是两晋时佛经的重要解释者，他在他写的《安般守意经·序》中说：

得安般行者，厥心即明。举眼所观，无幽不睹。往无数劫方来之事，人物所更，现在诸刹，其中所有世尊教化，弟子诵习，无遐不见，无声不闻。恍惚仿佛，存亡自由。大弥八极，细贯毛氂。

制天地，住寿命，猛神德，坏天兵，动三千，移诸刹。八不思议，非梵所测，神德无限，六行之由也。

他描述当人得到终极智慧时，人的心是灵明的，只要你想看，没有什么是看不见的。你可以超越空间和时间，几乎就在眼前亲历世尊说法；通过“神通”，你能如此接近当时围绕着世尊的大弟子们。

这其实是佛教中的一个比喻，形容修为到了一定程度，人与佛法之间没有任何距离，你听到、习到的佛法是最纯正的，如同直接在世尊座前听到、习到的一样。

这样的形象比喻对中国人有不同的吸引力。“神通”可以让人超越时间和空间的限制，这样的能力比佛法本身更令人向往。佛教刚进入中国时，“神通”观念很流行，与《庄子》对“真人”和“神人”的形容混合在一起，变成一种神术。

这当然是很大的误解，认为佛教提供了获取“神通”能力的方法。“神通”其实是关于终极涅槃的众多比喻之一，帮助信徒了解、想象涅槃状态。涅槃是离开了轮回，不再有身体，也没有了欲望和具体生命的状态。涅槃状态下，人只剩下纯粹、安静的精神，没有任何痛苦。涅槃无法用任何正面的幸福词句描述，涅槃就是痛苦彻底止息，作为一种终极否定状态而存在，这是佛教的目标。

要理解并进一步追求涅槃，前提是要接受世界上的一切都是苦，要以摆脱苦为至福，为终点。如此彻底悲观的看法，纯粹否定和负面的追求，很难一下子就被中国人接受。从汉末到魏晋，涅槃通常被译为“无为”，与老庄道家的想法附会在一起。道家的“无为”强调的是顺应自然，适性而存在，不违背天性，不做违反天性的无妄追求，与佛教的涅槃其实有很大的差别。

从附会道家的“无为”到确立佛教式的涅槃观念，这是佛教进入中国后慢慢演变的另一个重要课题。

08

佛教进入中国的几个阶段

佛教在这个时期大举进入中国，主要是因为佛教的一些主张，能够在乱世中发挥安慰的作用，同时又与中国本有的社会价值相调和，比如神灵不灭、省欲去奢、仁慈好施、追求神通等，在中国社会上都有可以接受的土壤。

不过佛教是一个庞大的系统，而且其思考性超过信仰，一旦接受佛教的部分主张，也就意味着打开了让整个佛教系统进入中国的大门。在中古时期，这扇门始终开着，陆续进入的佛教说法、概念，不断刺激中国人对人生、世界、社会的根本思考和想象。如此开端之后，在中古时期，中国社会费了很大的工夫理解、接受，或反驳、抗拒这庞大的佛教系统，形成了中古历史上极其热闹的思想现象。

佛教进入中国，经历了几个不同阶段的变化。第一阶段可以用汉献帝时笮融事佛作为代表。笮融是公元 2 世纪后半期的人物，史书记载：

> 笮融者，丹阳人。初聚众数百，往依徐州牧陶谦。谦使督广陵、丹阳运漕。遂放纵擅杀，坐断三郡委输以自入，乃大起浮图祠，以铜为人，黄金涂身，衣以锦采，垂铜盘九重，下为重楼，阁道可容三千余人。悉读佛经，令界内及旁郡人有好佛者听受道，复其他役，以招致之。由此远近前后至者，五千余人户。每浴佛，多设酒饭，布席于路，经数十里。民人来观及就食，且万人，费以巨亿计。

笮融建造了大佛寺，铸了佛的铜像，上面还涂了黄金，再用最漂亮的布匹为佛像做衣服。佛像所在的楼可以容纳很多人，他在这里让别人诵念佛经。他运用太守的权力，规定愿意来听佛经的，可以抵掉修马路、盖桥、守边、出征等徭役。

听佛经当然比服劳役轻松多了，所以笮融的举措吸引了远近五千多人。遇到有重要典礼时，就开流水席，沿路布置了数十里的宴席，上万人来吃饭，花掉了很多钱。

笮融事佛这个记录的重要性在哪里？第一，这段记录中看不到佛、道混杂了，明确说的是“事佛”。第二，事佛时开始读佛经了，尤其是向大众念经、讲经，还用政治力量号召大众来听。第三，明确出现了布施的行为，浴佛时开流水席，让所有人都能饱餐一顿。

也就是说，到了东汉末年，佛教逐渐取得了脱离于“黄老”和“道术”之外的独立地位；进入三国之后，佛教与道教的差别越来越大；到了魏晋之后，佛教则开始出现戏剧性的转折。

《牟子理惑论》出现后，大约只过了五十年，士人对佛教的态度，从高度不信任的批判，逆转为高度推崇和拥抱。《牟子理惑论》提到佛教道理时，大量引用老子的思想予以解释、辩护，而且之所以写《牟子理惑论》，就是因为对佛教“世人学士多讥毁之”，士人、有学问的人是不相信佛教，甚至看不起佛教的。

但五十年后，魏晋士人聚集清谈，几乎不能不谈佛理。那些懂佛理、能够说明佛理的人，成了士人争相邀约的对象。许多来自西域的僧人或居士，轻易地进入了魏晋世族贵胄的圈子。

西晋时期早期佛教骨灰瓮，藏于纽约大都会艺术博物馆

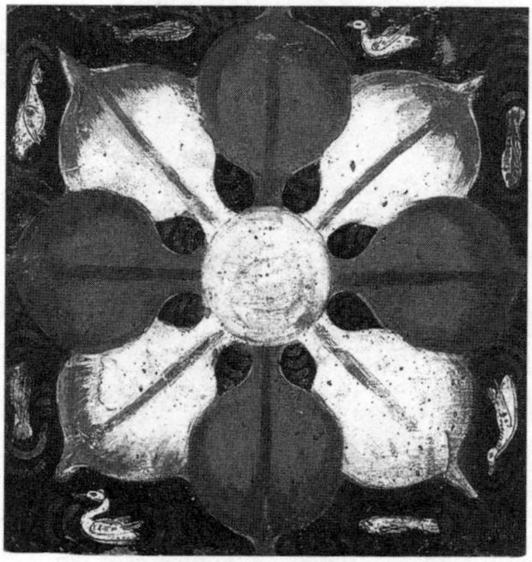

西晋藻井莲花纹图，藏于甘肃省文物考古研究所

09

从汉末佛教到中古佛教的转变

从东汉末年到魏晋之际，这五十年间，佛教究竟发生了什么事？最明显的是讲经受到了重视。人们过去接触佛教主要是通过仪式、祭拜，将佛教当作仪式性的信仰。但到笮融时，人们积累了更多的对佛经的认识，知晓了佛经在佛教中的关键地位。

佛教的传统中，有阿毗昙或阿毗达摩（Abhidhamma）这个概念，指的是传讲佛所说之法的一种形式。这种形式与印度人对数、数学的重视有关，阿毗昙基本上以整齐的数字排列来呈现佛理。“四正谛”“五阴”“五识”等，都是以阿毗昙的形式呈现的。阿毗昙进入中国，由安清（安世高）翻译了《阴持入经》，开头便是：

佛经所行示教诫，皆在三部为合行。何等为三？一为五阴，二为六本，三为从所入。五阴为何等？一为色，二为痛，三为想，四为行，五为识，是为五阴。色阴名为十现色入。十现色入为何等？……

首先说明佛经的道理，分成三部分，分别是“五阴”、“六本”和“从所入”；接着交代“五阴”是“色”“痛”“想”“行”“识”；然后再说“十现色”分别是哪些条目……这就是阿毗昙的基本方式，如此呈现的佛理都是整整齐齐的，而且方便背诵。

魏晋时期出现了“都讲”的形式，最简单的形式就是，比如讲解《阴持入经》时，由一个人说：“佛经所要显现的道理，都包纳在‘三部’之中。”旁边就有一个人配合着问：“什么是‘三部’呢？”讲的人回答：“‘三部’第一是‘五阴’，第二是‘六本’，第三是‘从所入’。”问的人于是再问：“那什么是‘五阴’呢？”如此接续。

用这种方式，一个人代表听众，不断提出问题，让讲者可以一层层地往细节里讲，同时视在场听者的理解程度，提醒讲者在哪些地方应该讲得更明白些。“都讲”的形式越来越流行，就成了从“清议”转化为“清谈”的重要转折。“清谈”与“都讲”一样，有正式的形式，有一种特别安排的剧场性质。

《世说新语》记录了东晋时来自大月氏的佛教专家支道林讲道，固定会有许询在旁边当“都讲”，但许询的角色和作用就没那么单纯了。“支通一义，四座莫不厌心。许送一难，众人莫不抃舞。”支道林很会讲，他讲完一件事，大家都觉得很有道理，很服气；但这时许询却能找到切入点，对支道林的说法提出质疑。大家一听许询的质疑，感受立刻变了：“啊，的确有此说不通之处！”因而热切期待支道林要如何回答，能否回应许询的质疑。

也就是说，“都讲”从类似助理角色，提升到了与主讲者近乎平等的地位，于是讲经的方式也从单向的说教，转为辩论形式了，讲经变成一种带有戏剧性效果的知识舞台。

通过讲经，通过引入越来越强的知识性，佛教在那五十年里，社会地位不断提高，慢慢地成了中古的佛教，不再是汉末的佛教了。促成如此历史性变化的，有两大因素。第一，佛教本身的确具备庞大的论理资源，可供探测深掘。第二，中国士人性格和精神的改变。东汉末年的清议经历了政治上的打击和挫折，士人不得不调整关怀的面向，由外而内，由实而虚，诞生了中古士人很不一样的角色和形象。

10

对佛教的中国化解释与佛教盛行中国

西晋时，竺法雅提出了“格义”的观念，“格义”最早也是与讲经、与阿毗昙相关的。再以讲说《阴持入经》为例，说了“五阴”为色、痛、想、行、识之后，照理说接着该问：“那什么是色？”若要解释“色”让听者明了，就不能仅仅复诵佛经上的字句，需要用佛经以外的知识进行说明，这是“格义”的原始意思。

在当时的环境下，竺法雅特别提出“格义”——积极地主张用中国传统典籍的字句和观念，来附会解释佛经。其实在“格义”观念正式提出之前，中国早就出现了各种以原有的语言、想法附会理解佛教的主张。

从“格义”附会的角度看，从汉末到魏晋，发生的最大变化就是用来解释佛教的思想观念，从“黄老”变成了“老庄”。虽然都有《老子》，虽然一般都被视为道家，但是“黄老”与“老庄”在内涵上其实大不相同。“黄老”与“老庄”的交集是《老子》，但二者的主要精神都不是《老子》，因为《老子》思想的弹性太大，可以这样看，也可以那样看。

“黄老”着重的是一套道术；“老庄”强调的却是一种生命态度，以及与之相关的知识和思想论辩。到了魏晋时期，佛教“格义”的工具变成以“老庄”为主，这指涉了三个重要的新现象。

第一，到这个时候，佛教与中国社会的关系，已经成了以“义”为主，也就是以理解、辩说，而非仪式、崇拜为主了。这时候在主流社会中，佛教作为一种信仰、一种修行、一种仪式，过去与“黄老”结合在一起的性质，相对来说不重要了，取而代之的是佛教的智识思索和讨论的部分；佛教的地位大幅提高了。

第二，魏晋时人将《老子》《庄子》《周易》并列，称为“三玄”，然而关系到佛经的“格义”，真正发挥核心作用的是《庄子》。这时候的人以庄子的自然观“格义”佛教。庄子主张世界有其不受人所干预和控制的自然秩序，自行运作，人应该顺应而非违逆、扭曲自然。人的内在也有属于自然的部分，有与自然流行相呼应的天性，因此人要活得好，秘诀便在于“适性”，即随着自己的天性，自在地与大自然合而为一。是什么样的人就过什么样的生活，不要勉强去做不是你、不属于你自在天性的事情。

庄子的自然观成了早期解释佛教教理的主要思想架构，突显佛教中的自然、无为观念，要等到后来思想环境更成熟，龙树的中观理论进入之后，佛教在中国的讨论才提升到一个新的层次上。

第三，佛教从庶民的仪式性信仰，转变为在贵族间流行的思想。失去了仪式作用的佛教与庶民的生活一度没有太多的关联，那时最主要的佛教活动就是讲经、论理，就是借由“格义”来探讨，到底佛教是什么，以及佛教说的究竟是什么。

从这个背景来看，我们也就不意外，庞大的佛教系统中，在魏晋时期最流行的是其中的般若学。“般若”是梵文 Prajna-paramita 的汉译，指的是“智慧”，是要教人获得智慧、看穿这个世界的道理。般若学在魏晋时期大盛，此时有名的般若学家很多，比如最早去西域求法的朱士行（203—282 年），还有从西域来的卫士度、帛法祚、支孝龙、康僧会、康僧渊、支敏度、支遁、于法开，以及从天竺来的竺道潜、竺法蕴、竺法汰、竺僧敷等。

这些名字就很清楚地显示出，一时之间，中国出现了许多外来的思想家。从西方来的外族人越来越容易进入中国境内，这也正是与后来酿成所谓“五胡乱华”时代潮流的力量并行的一股思潮。此外，这时的般若学家还有释道安、释道立、释慧远等，他们的名字告诉我们，他们是出家人，这显示出此时的中国也有著名的出家人了。

其中最重要的僧人是释慧远（334—416 年）。他既是般若学的专家，也是建立中国寺院制度的关键人物。佛教从魏晋时期专注于“格义”讲经，发展到南北朝时的多元巨大势力，在这转折过程中，释慧远是一个关键人物。“格义”时期重理解的风格，到了南北朝便加入了对修行的强调。这时候的修行，不是个人的，而是集体的，也就是集体出家在寺院生活这种新形式。

魏晋时期寺院少有发展，但到了南北朝，寺院变得越来越重要，不仅在佛教内部，而且在中国社会，都产生了很重要的影响。寺院的兴起，一来为人们提供了在知识论辩之外接近佛教的另一个通道，二来也是更重要的，寺院的集体生活及其对戒律的严格要求，在中国开创出另一种生活的可能性。

出家严重违背了中国社会基本的伦常价值观念，最难被接受，因此使得中国的寺院机构发展较缓慢。然而，一旦寺院建立起来，就在乱世中提供了一种另类选择——人可以维持团体生活，这个团体与家庭无关，而且是反对家庭的。南北朝以降，寺院进一步发展出寺院经济，对中古中国的经济和社会，产生了极大的影响。

第 四 讲

夸张而无节制的时代

01

“魏晋南北朝”这个表述是否恰当

中国传统的朝代架构中，朝代既有政权单位的意义，也有时间单位的意义。比如，汉朝是一个连续的刘家政权，同时也指涉了横跨大约四百年的一段时间；明朝是从明太祖一路传承到崇祯皇帝的朱家政权，同时也指涉了从 1368 年到 1644 年的这段时间。

这两种意义不完全一样，有时甚至会发生冲突。“魏晋南北朝”的说法就显现了这样的冲突。“魏”是一个政权，“晋”是一个政权，“南北朝”却是好几个政权彼此重叠集合在一起的，确切地来说，“南北朝”指的是一个时代而非一个政权。

“南北朝”的概念，源自唐朝李延寿所写的《南史》《北史》。我们必须感谢李延寿，他所写的《南史》《北史》最大的特色就在于南北并重，现实地承认了南北政治分裂的事实，这与后世的

“正统史观”，即一定要建构一条单一的朝代更替线的做法，很不一样。

“南北朝”时南北不仅分治，而且对立。北人习惯称南人为“岛夷”，南人则称北人为“索虏”，当然都不是什么好听的名词。线性的朝代史架构，很容易消解这种复杂的政治、文化并存和竞争的现象。本系列图书第一册《中国是怎么出现的》专门论述过，在历史事实中，夏、商、周是三个不同地域发展出来的文化共同体，在时间上互有重叠，但后面被纳入朝代史架构，夏、商、周就被改变为先后相续的概念，成了前后相继的三个朝代，失去了空间分配的性质。以至于要等到两三千年后，我们才能凭借考古发掘的成果，重建这段历史记忆。

在朝代史观强烈的线性时间观念支配下，“南北朝”明确的空间并列，成了极为特殊的例外。而让这个时期在理解上更增一层困难的是，除了“南北朝”之外，还有所谓的“五胡十六国”。这是从北魏崔鸿著《十六国春秋》开始流传下来的说法。“国”与“朝”是有区别的：“国”的概念延续自上古封建时代，说到“国”，都是复数并列的；而“朝”则是单数，是统摄全幅全境的概念。

“南北朝”则体现出，连“朝”都不再是单数的，有南有北，而且除了这已经是复数的“朝”之外，还有许多分立、错落的“国”。况且，其实“南北朝”再加上“十六国”，都还不足以完整显现当时政治上的混乱状况。比如，鲜卑拓跋氏建立的北魏，既是“国”，也是“朝”。这个政权曾经是北方先后林立的诸“国”

之一，后来统一了北方，成为主要的“北朝”政权之一。

面对这样的历史情境，我们要有基本的认知，那就是简单的历史架构绝对无法帮助我们掌握这个时代的实际情况。无论我们用什么方式整理，都一定会出现让我们无法方便分类的诸多例外。

02

偏材盛行和个性夸张

相较于在此之前的中国历史和在此之后的中国历史，以及中国的基本文化形态，这个时期也是个明显的例外，其中表现得最突出的是，这是一个相对夸张而无节制的时代。

夸张无节制的风格，体现在人的行为上。前面介绍了刘劭的《人物志》，这本书最重要的内容就是要讨论“偏材”，反映出这个时代值得被看见、值得被记录、值得被模仿的人，与之前之后时代的人都不一样。这个时代的人不是中正平和的人，而是在能力和性格上，有所集中、有所偏倚的人。《世说新语》之所以成为那样一本空前绝后的奇书，正在于它收录的都是这种“偏材”的范例。

这是中国历史上少数肯定人的非常个性、非常行为的时代。在此之前，春秋也曾是一个看重独特人格的时代，不过在周文化的影响下，春秋时代毕竟还是讲究人的中正和平教养，典型王官学教育下的理想人物，仍然是符合“礼”的规范的。

在魏晋南北朝，普遍的规范不再居于核心地位。从实然层面来看，这个时代出了很多“偏材”，他们做了很多稀奇古怪、非比寻常的事；不过更重要的，从应然层面来看，这样的人做出这样的行为，被认为是值得记录、值得彰显的，这就使得这些人的这些行为获得了极高的能见度，他们从未被赶到边缘，进而被忽略、被遗忘。

有意思的是，用来记录这些奇言怪行的文字，本身也呈现出同样的夸张无节制的风格。六朝文学远比之前的汉朝文学华丽铺张，在修辞上明显出现了对“语不惊人死不休”效果的追求。行为上的夸张无节制也就会进一步与修辞上的夸张无节制彼此加强，互相缠绕。这个时代留下了许多夸张行为的记录，用传统中国的价值观读来看，会觉得很不习惯，而且很难判断其真假。然而不论行为本身是真是假，这种夸张、无节制风格却是那个时代再真实不过的潮流趋向。

说到统治者与社会脱节，我们今天会想起晋惠帝的名言：“何不食肉糜？”百姓饿肚子没有饭吃，皇帝问的竟然是“为什么不吃肉粥呢？”这够荒唐、够夸张吧？

说到奢侈，很多人心头立即浮上的名字里一定会有“石崇”，尤其是石崇与王恺斗富的一连串故事，千百年来一直是中国文化意识中非常重要的负面教材。事实上，很多六朝人物和六朝故事都是以荒唐的负面教材的形式在中国历史中流传的。其根本原因就在于，六朝整体的时代价值观，与之前之后如此相异。六朝的历史记录中，有空前聪明的人，有极其廉洁的人，有最英勇的人，但更多的是最愚蠢的人、最邪恶的人、最浮夸的人、最放诞和疯狂的人。

03

西晋“八王之乱”

司马家篡夺了曹家的政权，又征服了蜀和吴，结束了三国，建立了晋。统一局势形成后没多久，晋的政权就出现了严重的问题。传统史书将问题的出现主要归咎于晋惠帝的愚蠢荒唐，缺乏做皇帝所需的基本判断能力。晋惠帝的无能，加上他的皇后贾南风的强悍，许多政事决策实质出于贾后之手，方便后世将乱局的原因都推卸到他们身上。

不过，除了皇帝、皇后的人为因素，我们绝对不能忽视的是皇族与世族之间的关系。惠帝代表的是司马姓的皇族；贾后则是出身于从东汉便开始积累势力的传统世族，所以她在宫廷里能有那么大的影响力。

晋惠帝的宫廷所发生的事，我们必须通过世族的结构和逻辑来理解。贾后没有生子，选来立为太子的，是一个侍妾所生的儿子。太子亲生母亲那边的家族很明白宫廷里的现实政治，知道大权其实掌握在贾后手中；他们为了进一步拉拢贾后，就想尽办法安排让太子娶韩寿的女儿为妻。这桩婚姻的重点不在韩寿，而在韩寿的夫人贾午，她是贾后的亲妹妹。

然而，这桩婚姻进行的过程中发生了许多波折，牵涉了许多阴谋和流言，最终在复杂的宫廷斗争环境中，太子家弄巧成拙，反而惹怒了贾后，导致贾后不仅废了太子，而且把他杀掉了。

原本就对贾后不满的赵王司马伦立即以贾后杀太子的事件为由，带着军队进入宫廷，杀了贾后，同时挟持了惠帝。接着，淮南王司马允又声称站在惠帝和贾后这边，发兵讨伐司马伦。各拥武力的司马伦和司马允一番征战下来，司马伦赢了；趁着胜利，他干脆废了惠帝，自立为皇帝。这是乱局的第一阶段。

司马伦登基之后，大权主要落在他身边的孙秀手中。孙秀的弟弟是孙恩，孙恩的女婿是卢循，他们是“天师道”的重要人物，东晋时曾据有庞大势力。孙秀或许也因为与“天师道”的关系，得以在司马伦身边拥有那么大的影响力。孙秀大权独揽，引起了齐王司马冏、成都王司马颖和河间王司马颙的不满，这三个人联合起来反对司马伦。他们联合的势力超过司马伦，于是他们杀了司马伦和孙秀，让惠帝复位。此时主要政治权力转移到了司马冏的手上。这是乱局的第二阶段。

司马冏掌权，接下来又引发了原本作为同盟者的司马颙的反弹。于是，司马颙联络了当时在京城的长沙王司马乂，要讨伐在他看来专权跋扈的司马冏。司马颙的盘算是长沙王司马乂人在京城，根本没有军队，若两人联合挑衅司马冏，司马冏一定会先对付司马乂。待司马乂被杀后，他司马颙就能以此为借口，号召成都王或东海王共同起兵对付司马冏。

不料，司马乂的本事远超过司马颙的预期，他竟然成功地借由政治运作，以惠帝的名义除掉了司马冏，将大权转到自己手中。这是乱局的第三阶段。

这样的变化，当然让司马颙很难接受，于是他联络了司马颖讨伐司马乂。这第四阶段的变化使得洛阳大乱，于是东海王司马越又带兵进来，杀了司马乂。

然后进入由司马颙、司马颖和司马越三股势力混战的第五阶段，最后是司马越取得了胜利，在这个过程中他毒杀了晋惠帝，另立晋怀帝。这就是所谓的“八王之乱”，回头算算，五个阶段其实只出现了七个王，还有最后一个琅邪王司马睿没上场。

04

边疆民族趁乱进入中原

“八王之乱”说明，其实从汉末之后，中国并没有真正统一稳定的时代。虽然从朝代史的角度来看，西晋结束了三国分裂状态，但西晋的统一根本没有维持几年，便立刻陷入了另一轮的战乱分裂状态。

“八王之乱”在历史上留下的最深刻的影响是司马颖从成都入洛阳时，招来了匈奴的军队。他所招引的匈奴将领中，有一个是刘渊，刘渊很快就不受司马家任何势力的节制，自立为“汉王”。同一时期，在四川又有氐人李雄自立为“成都王”。他们不仅不是司马家的王，甚至不是汉人血统，这就开启了所谓“五胡乱华”的新局面。

“五胡”中的匈奴，指的其实是东汉分裂后到达中原边境地区的南匈奴，他们已经南下进入今天的山西境内。匈奴分裂时，北匈奴往西边移动，他们原来的地盘由东边过来的新的民族占据，就是鲜卑。鲜卑源自东北，趁着北匈奴西迁，很快进入北匈奴空出来的草原地带。鲜卑借由这片空间，有三大支派在草原上开拓：拓跋氏、宇文氏和慕容氏。

还有一个“羯”，是南匈奴的一个分支，居住地范围也差不多。“氐”则在四川西边，“羌”则是分布在更西南的一个古老部族。

“八王之乱”后，有规模进入中原的，首先是匈奴，然后是氐，接着是鲜卑慕容氏。不要因为匈奴名列其中，我们便被误导了，以为“五胡”是从北方大漠来的游牧民族。这里的匈奴是当年已经内附汉朝的南匈奴，经过东汉一朝，他们的生产方式转型为有相当基础的农牧混合经济形态。匈奴和氐最早进入中原地区，早已与汉人混居了一段时间。他们并不是因为边防空虚而进入中原的，正好相反，他们原本是为汉人防守边境的，他们南移造成边防空虚，诱使更北方的鲜卑慕容氏南下。

“八王之乱”最重要的历史意义不在于王室兄弟的一阵混战，而在于有人在乱中招来非汉人的外族武力。先是司马越控制不住刘渊，接着是羯族的石勒也不受节制，司马越在讨伐石勒时被石勒击败。石勒带兵进入洛阳，结束了西晋政权。

“八王”中最后登场的是琅邪王司马睿。司马睿原本与司马越结盟，司马越取得大权时派他到南方经营扬州、建康，于是西晋结束后，司马睿有条件在南方重建王朝。司马睿即帝位，就是东晋的第一个皇帝晋元帝（317—323 年在位）。

汉朝分为西汉、东汉，晋也分西晋、东晋，名称虽相似，实际情况却大不相同。东晋统治的区域大幅减少，而且东晋的搬迁其实是往南方走，所以更精确的名称应该是“南晋”而非“东晋”。东晋政权地处南方，而北方则由不同的外族势力占据。

05

世族支持与偏安东南的东晋

晋往南迁，避居南方，而且它甚至连南方都无法全面控制。东晋之所以选择落脚在东边的建康，另一个理由是司马睿只找到了统治长江下游的办法，对长江中上游却无法掌握。

司马睿能在建康即位，主要是得到了王导的协助。王导找了当时“江左大姓”中最有势力的顾荣，二者联合起来支持司马睿的政权。东晋在长江下游建国，依靠的是原本三国时代吴国经营的成果。王导代表“江北大姓”，带着资源和势力随司马家南下，又联结了已经在江南经营一段时间的“江左大姓”，才有足够的条件让这个新政权站稳脚跟。

因此，东晋的南方政权，从一开始就与世族密切结合，靠着江北、江南世族的支撑，这个政权才站得起来。

不过他们能有效控制的，还只是长江下游，因为长江中上游又有不同的状况。长江中上游最主要的区域，就是荆州和益州。益州已被氐人占据，而从汉末刘表以来，荆州一直都是各方必须争取拉拢的关键之地。东晋成立时，荆州最有势力的人是祖逖。

长江下游的情况是北方大姓世族带着大批脱离土地的人口，渡江来到南方，在南方建立庄园，基本上朝向移居的生活形态。此时南方与北方是隔绝的，最重要的互动是公元 383 年苻坚率大军南下，在淝水被谢安的北府兵阻挡住了，就更加确立了南北对峙的格局。

北方大乱，人们建立坞堡以自守，而且他们就算离开家乡，也还是抱着北伐回北方的念头。祖逖五十六岁时去世，他的军队改由他弟弟祖约带领，但没过多久祖约的势力被晋元帝派兵消灭了。发生这件事情，并不是祖逖效忠东晋，到他弟弟祖约就改变态度叛变了，其中真正的关键在于，东晋政权从来不支持长江中上游势力的北伐行动，他们原来拿祖逖没办法，等祖逖死了，便找机会收拾了祖约。

这里涉及下游与中上游势力对南迁的态度的冲突。长江下游建立的东晋政权实质主导者是世族，当时号称“王与马共天下”，“王”指的是王导、王敦，排在后面的“马”才是皇帝所属的司马家。

东晋的主要兵力不在“马”而在“王”的控制下。晋元帝一度曾经试图削弱王敦的势力，派了甘卓和周札去对付王敦，然而王敦轻易便杀了甘卓，赶走了周札。晋元帝死后，他的儿子晋明帝

（323—325 年在位）继位。明帝时王敦病重，王敦在病榻前与幕僚商讨该怎么办，认真思考后提出了两个选项：第一，立即让军队直捣建康；第二，将军权交给他的哥哥王导。这意味着，要么就在王敦死前，将司马家的天下抢过来，改由王家当皇帝；不然就将未来留给哥哥王导做决定。

通过这两件事，我们就很明白为什么说“王与马共天下”，“王”在“马”前，以及王敦对自己在晋朝的权力认知是什么样的了。

06

东晋内部的两股军事力量

不仅王敦，后来整个南朝都是如此，世族拥有比皇帝更高的地位。

一来皇帝的政权合法性很薄弱；二来皇帝旁边围绕着越来越强大的世族，不论是经济实力还是军事实力，世族往往都比皇帝更强大。王敦攻打祖约，采取了敌对司马家的军事行动，事件结束后，司马家仍然必须敬重王导，不能拿他们王家如何。

六朝的皇帝必须与这些世族周旋，当他们的共主，在世族间折冲，不可能与世族集体为敌，更没有能力控制所有的世族势力。梁朝时，侯景投降梁武帝，他最主要的愿望是提高自己在南朝的地位。要提高地位，想的可不是得到朝廷里的什么高官，而是能够与世族联姻。听到了侯景的愿望，梁武帝直接告诉他：我会帮忙，但你可别想一下子就高攀王家、谢家，让我们从朱家、张家开始试试看。

从东晋到南朝，这类故事太多了，皇帝换了一个又一个，甚至王朝也是换了一个又一个，世族却一直在那里屹立不倒。

长江下游的政权最先是掌握在王家手中，不久之后谢家崛起，代表人物是谢安和谢玄。他们最大的功绩是练了北府兵，成功地在淝水阻挡了苻坚。不过，淝水之战过后，北府兵的实际带兵工作，从谢家世族手中转到了专业的军人手中，比如刘牢之、刘毅，后来是刘裕。

长江中上游情况如何？祖约的“叛乱”被平定后，陶侃的势力兴起，然后又由桓温接收了陶侃的势力。桓温之后有桓温的弟弟桓冲，桓冲之后则是殷仲堪，殷仲堪之后又有桓玄。

也就是说，东晋时期南方存在着两支各有传承的不同军事力量，而且两支军事力量的组成性质和存在目的都很不一样。长江中上游的势力由寒门陶侃、二等世族桓温等领导，他们的目标是积极北伐。长江下游的势力则主要服务于上等世族的要求，没有北伐的企图，而是将兵力用在保持南方安全，以及维持南方秩序的目的上。长江下游的势力不仅自身不求北伐，还会刻意反对、牵制长江中上游的北伐行动。

长江下游的北府兵系，从头到尾有过北伐念头的，大约只有殷浩，而殷浩的北伐从头到尾也仅止于念头。而长江中上游则大不相同，祖逖多次率兵渡江，后来桓温、桓玄也都多次主动对北方发动攻击。长江下游的世族渡江之后，很快便融入了庄园经济和名士生活形态中，他们的利益基础都在南方。相对而言，荆州虽然也算富庶，却没有发展出庄园经济，而且这些来到荆州的宗族与北方依然保持联系，他们继续掌握北方的信息，看到北方胡人政权来去更替，一直保留着恢复北方的希望和企图。

在东晋，这两股势力一直都处于紧张关系中，直到刘裕才首度联结融合了这两股势力。刘裕出身北府兵，从京口练兵，后来承接了北府兵的指挥权。刘裕不是世族，没有世族在南方既得利益的立场，抱持着北伐的态度。他掌握了北府兵之后，先是平定了孙恩、卢循之乱，然后又打败桓玄，将势力往长江中上游延伸。后来，他先打到洛阳，公元416年，甚至带兵打进了长安。不过他没有在北方待下来，很快又带兵回到南方。因为他清楚，他在南方的势力基础还不够稳定，无法让他进一步在北方发展。

07

刘裕对世家大族也无可奈何

刘裕从长安回到南方，最主要的作为是推动“土断”。在他之前，桓温进行过一次“土断”，却失败了。桓温的失败，就因为“土断”明显伤害了世族的利益，遭到世族猛烈反对。

什么是“土断”？这就要先从“黄籍”和“白籍”的分别开始说起。从西晋到东晋，北方世族举族南下，也就是说不仅家人和亲戚，连门客和部曲也都一并迁徙南下。到达南方之后，他们作为临时居户，有了不同的户籍登记方式，叫“白籍”，与原本就在南方定居的“黄籍”居户区别开来。“黄”与“白”指的是登记户籍所用的材料不同，“黄籍”用的是旧式的竹简，“白籍”则写在新制的纸张上，因而明显有颜色的区别。

“白籍”的临时人口是逃难来的，然而他们势力庞大，使得朝廷一时无法按照既有规章管理他们。他们用自身的集体资源和力量，圈出庄园来经营过活，迅速获得了经济上的自主地位。因为他们的临时寄居身份，算是逃难来投奔，朝廷暂时不会对他们征收赋税，于是，“白籍”自然也就成了一种特权身份，实际上是朝廷税收和徭役征收上的黑洞。而且这个洞不是静态的，它会越变越大，当有人活不下去了，或想逃避朝廷赋税，他们可以选择投奔这些“白籍”门第，成为他们的门客或部曲。

“土断”最简单的解释，就是“黄白合一”，取消“白籍”的赋税特权，让“白籍”都加入“黄籍”。显而易见，这样的做法伤害了世族的利益，他们一定会反对。在他们的集体反对下，桓温试过一次，失败了；刘裕再接再厉，也只取得成败参半的结果。

推行“土断”使得刘裕与世族的关系很紧张。刘裕掌握了东晋的政治和军事大权，立了两个皇帝，又废了两个皇帝，最后自立为皇帝，建立了新的朝代，也就是南朝宋。刘裕则成了宋的开国之君宋武帝（420—422年在位）。刘裕当了皇帝，有人送他一件贵重的礼物，是个琥珀的枕头，想想琥珀要能当枕头，那得有多大一块！刘裕当时正要带兵北伐，他知道琥珀有止血疗伤的功能，于是下令将那一大块琥珀枕打碎，每个部将分到一小块，各自再拿去磨成粉，带在身上以备战场上不时之需。

皇帝做这样的事，在世族眼里，那可真是天大的笑话！是什么样的土包子不了解琥珀的价值，不知道那么大的琥珀有多难得，竟然拿去磨成价值低廉的药粉！世族的奢靡，一方面是他们有财富有条件挥霍，但另一方面更重要的是他们需要用这样的夸张行为来标识他们的身份，与其他人区别开来。显然，他们甚至需要与不懂得琥珀价值的皇帝区别开来，可以站在高处睥睨、讥嘲皇帝。

刘裕能觉察到世族对他的态度，《宋书》记载：

……中书舍人王弘为太祖所爱遇，上谓曰："卿欲作士人，得就王球坐，乃当判耳。殷、刘并杂，无所知也。若往诣球，可称旨就席。"球举扇曰："若不得尔。"弘还，依事启闻，帝曰："我便无如此何。"

在宫中服务的中书舍人很受刘裕赏识，与皇帝很亲近，皇帝特别叮嘱他说："你如果想要提升自己的地位，加入士人的行列，就要结交一个关键人物，那是王球，世族王家的代表人物。你能去王球家里拜访，在他那里坐下来，那才算成功。至于跟姓殷的、姓刘的混，没有用啦！"皇帝自己姓刘，他却明白王家、谢家才是真正有身份、有地位的人。另外，大概因为王弘也姓王，如果能混入王球家，会被错觉为王家的一分子，他的地位立刻就大幅提高了。皇帝真的很照顾王弘，又说："去王球家，你就说皇帝想要他给你一席之地可以入座。"

王弘真的去了，真的对王球那样说了，得到的反应却是王球不屑地拿着扇子说："你少跟我来这套，没这种事。"王弘受辱，回来向皇帝告状，皇帝没有生气，只是摇头叹气说："那我也没办法了。"对于像王球这样的大世族，皇帝哪有资格把人硬塞到他家来做客呢？

08

南朝更替

刘裕死后，帝位传给了少帝刘义符，但第二年就被徐羡之、傅亮等人联合起来废掉了，照兄弟排行，在刘义符之后应该继位的是刘义真，但刘义真与当时世族名士交往密切，跟谢灵运、颜延之和名僧慧琳都是好朋友，因此遭到徐羡之等人的忌恨，绝对不愿意让他当皇帝，索性就将他杀了。

刘义符死时十九岁，刘义真更可怜，死时只有十七岁。那个时代的皇帝真不好当，一边有一起打天下的将领和军事势力，另一边有根深蒂固的世族利益，皇帝夹在中间，必须妥善处理两边关系，稍有不慎，是会惹来杀身之祸的。

刘裕创建的南朝宋，传四世之后就被萧道成篡位了。建立南朝齐的萧道成，他的出身比刘裕高，来自次等世族，于是他取得政权后，便有意识地将地位比他高的大世族尽量排除在外。他是南朝第一个明确重用“寒门”的皇帝，拉了许多没有世族背景的人进入朝廷。

后来的史书对萧道成没有太高的评价，尤其突显他身边围绕着许多佞幸小人。不过稍微仔细考察内容，就知道这些人被评为小人，很大程度上与他们的寒门出身有关。萧道成曾明确地说：“学士不堪治国，唯大读书耳。”意思是，那些有学问的人，有条件积累学问的大世族人家，他们的能力不适合治国。接着这话后面，他夸张地补了一句：“一刘系宗足持此辈五百人。”在治国能力上，一个刘系宗就可以抵他们五百个人！

萧道成重用的刘系宗、纪僧真都是出身寒门。他又表现出对世族的轻蔑，这当然造成了世族与皇帝之间的紧张关系。最终有权力写史书的，毕竟还是抱持强烈世族优越感的人，他们下笔时当然不会对萧道成和他身边的人留情。

萧道成重用寒门，一部分也是因为到这时候，世族也越来越无心于朝政，专注地过他们的好生活，关心玄理讨论远胜过现实公共事务。王敦还实际主持政事，谢玄、谢安也花时间费力气练北府兵。然而到了谢玄、谢安后期，他们就逐渐远离日常政治运作了。接着每况愈下，世族越来越清高，也就越来越不愿实际参与政事，于是表面上的高官都是世族在当，但实际工作却都是寒门在承担。萧道成有意提拔寒门，进一步使得世族在政治上的影响力下降。

南朝齐只存在了短短二十三年，就被萧衍篡夺了。萧衍和萧道成其实属同一个宗族，但他即位后刻意改朝代名称为梁。萧衍，也就是梁武帝，是南朝在位时间最长的一个皇帝，他在位时间长达四十八年。

梁武帝在位时，有一个朝臣贺琛写了《条奏时务封事》，里面指出朝政的四大问题，排在第一的是“贵族部曲”，贵族家有那么多部曲，不用交赋税，给国家财政造成巨大亏空。第二个问题是奢侈风气，大家以浮华相夸。第三个问题是皇帝身边围绕着很多小人。第四个问题是政治体制中充斥着冗官。

四大问题中，至少三个是世族的问题。世族才会有部曲，这些人都不向朝廷纳税服役，造成国家财政问题。也只有世族才会表现奢侈行为，变本加厉通过奢侈的行为炫耀自己的财富和地位。另外，冗官是怎么来的？不就是世族占据了大量的“清官”位子，光做官不做事？

看了贺琛的《条奏时务封事》，梁武帝如何反应呢？他大怒，对贺琛说：“你别空口说白话，四件事，你每件都好好讲清楚！贵族拥有多少部曲？谁犯了奢侈的毛病，有什么样的奢侈行为？我身边谁是小人？还有，哪些人是冗官？你拿出证据来！”皇帝如此反应，贺琛有办法招架吗？只好乖乖地将《条奏时务封事》撤了回来。

梁武帝是打天下的皇帝，开国之后还在位四十八年，显见他有野心，也有能力和才干，但他还是不敢得罪世族，用这种方式逼着贺琛闭嘴。接着他又以皇帝之尊，针对这四大问题发表了一篇说明，表示他多么重视这件事可能造成世族的不满，一定要想办法平息争端。

09

梁武帝与陈霸先

梁武帝在位期间最有名的事，就是极度热衷于佛教。他在大通年间耗资大修通泰寺并且特意在宫后别开一门，直对寺之南门，称大通门，取“大通”的反语，所以这寺叫作“通泰”寺，并诏令改普通八年为大通元年。之后他曾经四度舍身入他自己修建的通泰寺，再用朝廷的资源替自己赎身，相当于变相地大笔捐输给佛寺。

传统上对梁武帝这种行为，简单解释为他对佛教信仰的狂热，然而放回当时的政治经济架构中，梁武帝很可能有以寺院经济与世族财富对抗的动机。史料中显现出来的梁武帝，长期怀抱野心，却苦于没有足够的资源来实现。所以当他知道北魏发生了尔朱荣之乱（526 年），他心中燃起北伐扩张之意，想要趁机有所作为。

他派陈庆之带领军队。他们一度在战场上有所斩获，但终究还是败给了尔朱荣。

尔朱荣之后，又有侯景之乱（547年）。侯景从东魏高澄阵营叛逃，投奔南梁，梁武帝希望借侯景之力北伐，给予侯景很高的待遇。然而北伐的军事行动不顺利，在与东魏的战事中，贞阳侯萧渊明被俘。为了救回萧渊明，梁与东魏谈判，这就引发了侯景的恐慌，担心梁武帝用他交换萧渊明。侯景劝梁武帝不要讲和，梁武帝不听，侯景愤而说："吴儿老公薄心肠！"骂他：你们这些南方老头都没良心！于是带领自己的军队叛变，转而攻打梁朝。

梁朝当时内部混乱，不堪一击。侯景很快就带兵攻入建康，梁武帝被困饿死。侯景立过几个萧家后裔当傀儡皇帝，最终决定自己登基。然而，以侯景的出身，要在南朝当皇帝，太困难了！皇帝要登基，礼官问他立"七庙"之事，也就是要追奉前面七代的祖先。侯景的回答是："我勉强知道我父亲叫侯标，其他再往前的就统统不知道了！"还好，有别人知道侯景的祖父叫侯周，七庙中有两庙算是确定了，其他五庙呢，就只好委托礼官自己取名字了。

南朝的世族多么重视礼学，那是维系世族内部的最主要的力量。侯景却连天子七庙都没法建立，消息传了出去，他连世族表面的支持都难以获得。

接下来兴起的是陈霸先，他带着军队打败侯景，并且杀了他，建立了南朝陈（557—589年）。南朝陈有其特殊的历史地位，前面三个朝代——宋、齐、梁——虽然都在分裂状态下立于南方，但是刘裕、萧道成、萧衍，都是从北方来的人。陈霸先是吴兴人，是真正的南方人，建立了一个由南方人建立的南方政权。

但也正因为他是南方人，却非南方世族出身，也就与北方迁来的侨姓大族没有渊源，于是，世族对皇朝的支持更显薄弱。陈朝是南朝中疆域最小的，意味着政权南移有了很长的时间，足可以出现纯南方的朝廷和朝政，然而在这段时间里，南朝却始终无法解决北方大姓带来的问题，包括他们控制着的政权合法性，以及他们拥有的庞大人口和经济利益。纯南方的政权出现，促成了北来的结构瓦解，陈霸先的崛起预示了“六朝”的终结。

有一句成语叫“六朝金粉”，失去了大半江山，偏处在南方的“六朝”，为什么会有“金粉”的华丽形象呢？这不是矛盾吗？“六朝”的“金粉”主要来自世族，王朝政治的动荡、分裂、颓败、瓦解，没有真正影响到世族的经济和社会势力。王朝来来去去，皇帝上上下下，但世族一直都在，而且一直享受着财富和权力集中的生活。

世族彼此之间形成了严密的阶层结构，属于世族内部的人，都知道自己的地望、姓氏排在什么位子，也知道自己的庄园是怎样的等级、怎样的规模。也就是说，有明确的规范管辖世族之间的互动，这就可以让世族形成一个严整的结构，因而世族结构整体不容易被分别击破，它们有着牢固的社会基础。世族虽然有部曲，但仅止于庄园自卫，并没有真正的军队。有武力的是皇帝，皇帝凭借军事力量取得政权，然而皇帝供养军队和运作朝政，必须依靠世族协助配合。甚至皇帝需要多一点军队时，也要依靠世族动员部曲来配合。

庄园里的大批人员，不在朝廷的户籍之中，也就在朝廷的掌控之外。不管是要获得他们的生产成果，还是动员他们，都只能通过世族自身，先取得世族的同意和支持。

这些世族——而非皇帝、朝廷，当然更不是一般平民百姓——才是“六朝”历史中最醒目的现象，所以才会显现出“金粉”的华丽光泽来。

第五讲

门第贵族与六朝经济

01

魏晋南北朝的农业凋敝

理解魏晋南北朝历史的关键在于门第贵族，而门第贵族有其坚实的经济基础。在时代的特殊变化下，这时期出现了新的经济状况，发展出庄园生产制度。庄园经济支撑了门第，让贵族势力得以在这几百年间不轻易受君主、朝廷的权力左右。

汉末以降，中国经济最大的变动出现在北方，就是淮河以北的农业残破和大倒退。北方农业倒退的程度很惊人，而倒退的理由倒是很简单，主要是长年的战乱。《三国志·魏书》记载，在魏文帝（220—226 年在位）时，也就是董卓带兵进入洛阳（189 年）造成了第一次大骚乱之后约三十年，朝廷设立了“洛阳典农”，这是原本没有的官职。通过《三国志·魏书·王昶传》，我们可以明确知道这个新官负责什么样的事。因为“时都畿树木成林”，说的是东汉的都城这时到处都是大树，简直成了一座大森林，所以需要“开荒莱”，即招募民众开荒、辟荒，进行农业生产。这是“洛阳典农”的工作。

三十多年时间，洛阳不仅不再是个繁华的都市，甚至沦落到空无人烟，需要特别的政策和官守推动人们进入这原本的国都进行农业生产。

比魏文帝稍晚的魏明帝（226—239 年在位），在荥阳附近圈了一个园子，下令保护园内的野鹿，不准捕杀。当时一位朝臣高柔上奏请求皇帝改变主意，而他提供的理由很有意思。高柔说，皇帝之所以禁止猎杀野鹿，应该是希望通过保护，让园中鹿只得以生生不息，不断增长繁衍，然而皇帝这样的用心，不可能通过圈园保护实现。因为这园中不仅有鹿，还有虎大小六百只、狼五百只、狐一万只，圈起来之后，没有人进入猎杀，这些猛兽终究会将鹿通通吃光。

荥阳原来也是个大城，现在竟然不仅野鹿成群，按照高柔的说法，甚至有那么多猛兽横行，那么可想而知，这里已经不再有人群聚居，甚至连基本的农业生产也不可能了。荥阳附近地区也必然荒僻已久。

本系列图书第五册《危机与考验》谈三国历史时曾提过，曹操在群雄中脱颖而出，与他开发军屯有密切关系。军屯实际上就是让流民一边当兵一边种田。不过，这样的屯田制度遇到了一个问题，那就是牛只不足。那本书同样也解释过，东汉的农业技术有突破性发展，用犁深耕是基本的生产要求。“犁”字从“牛”部，指的是以牛拖拉工具进行的，牛的力气够大，可以犁得很深，不仅将土壤松动，得以涵养更多空气，而且可以把地底下的氮翻挖出来并积蓄水分。

然而在汉末的环境里，曹操招来的流民只具备己身的劳动力，怎么可能拥有牛只呢？于是要进行屯田，官方就必须养牛，配给屯户使用。从曹操的军屯开始固定养牛，到晋武帝（265—290年在位）时，我们看到当时名臣杜预上疏，谈到一个严重的问题，就是“官牛过剩”。杜预说有多达四万五千头的过剩官牛，这些牛甚至“老不穿鼻”。牛只必须“穿鼻”才能驾驭，才能下田工作，所以这些牛是一直养在那里，从来没有被拉出去劳动过。

杜预的上疏指出了官牛无处可用的现象，为什么会如此？因为农业残破，耕地面积缩小，更重要的是农业技术倒退，回到了单纯靠人力耕种的情况，不再需要牛犁深耕了。而杜预在上疏中提出解决问题的建议是，与其让这些本来应该运用在农业中的牛只闲置，不如用这些牛群发展畜牧业。也就是说，养牛原本是手段，是为了创造有利于农业的工具，现在可以将养牛当作目的，牛只本身就是收获。

与其问杜预为什么如此主张，还不如问为什么在杜预提出主张之前，朝廷没有这样想、这样做？因为这些牛，都是养在原本的农业地带，大家仍然认定这些土地应该想办法开发用于农业生产，然而种种条件使得农业的恢复停滞，以至于到晋武帝时，杜预才换了一个思维，不要再幻想这些地方还能恢复农业了，干脆发展畜牧业。

也就是说，北方大片地区上千年的农业基础瓦解，退化为畜牧环境了。

02

农业倒退影响北方的生活方式

农业生产的变化，甚至影响了北方地区的生活方式。从汉末到魏晋，农业收缩，畜牧业开始发展，北方人的饮食习惯就明显发生了改变。

《晋书·陆机传》中有这么一段故事。陆机是南方人，他去拜访从北方来的侍中王济，王济用羊酪招待陆机，而且好意地问："在你们南方，有像羊酪这么好，可以与羊酪媲美的东西吗？"陆机的回答是："如果说得远些，也就是要比较辛苦得来的，那有莼羹，是用莼树叶煮鱼羹；如果不要那么费工夫，眼前容易获得的，那就是咸豆豉。"

羊酪味道那么浓，所以陆机举了南方饮食中味道同样重的东西，但他举了咸豆豉，也就表示陆机还真不觉得羊酪有多好、多珍贵。

另外，在《晋书·陆晔传》中，提到陆晔的弟弟陆玩，同样是南方人，也去拜访了一个北方来的人——王导。王导给陆玩吃了不知是羊酪还是别的什么东西，反正是陆玩从来没吃过的，回家之后陆玩就病倒了。为了此事，陆玩给王导写了一封信，信上有这样的句子：“仆虽吴人，几为伧鬼。”他说：我是南方人，却差点被你们北方的食物害死，成了北方鬼！

《全晋文》中收录了一篇晋武帝赐荀勖的诏，文中提到，皇帝看到荀勖脸色苍白，似乎是身体不好，就表示关心，要他多吃奶酪，叫太官（官名，掌皇帝膳食及燕享之事）每天配送奶酪给荀勖。

西晋、东晋交替之际，也就是所谓的“五胡乱华”初期，北方人已经习惯吃动物性的乳制品了，因此在饮食文化上明显出现了与南方的差异，这必然与畜牧业的发达有关。农地荒废，缺乏适当的人力投入，于是就转化为畜牧的空间和场所。

北方农业衰败的原因之一是人口的大幅减少。一部分人死于战乱，在持续的战乱中，人口出生率和婴儿存活率也必然下降；还有一部分人迁徙离开，从汉末就开始的人口大迁徙，最早是以游民的形式到处流窜就食，而到了曹魏之后，人口大迁徙的现象依然持续，但形式上有了变化，转而以有组织的迁移为主。

有组织的迁移，凭借的就是佃客制，即众人在一个贵族家族的带领下，从原来的地方迁移到比较平安、比较不受战乱影响的地方。本来的游民改变身份成为佃客，获得了基本的生活保障，不需要自己想办法觅食，也不需要个别地占田开荒。从另一个角度来看，这些集体迁移的人，他们不管走到哪里都需要大片土地来安置，让他们进行生产，他们作为一个集体有足够的力量在陌生的地方占据土地。

从汉末到晋室南迁的长期动荡，使得中国社会在应对战乱方面有了相当程度的准备，逐渐发展出一种应对战乱的体系，包括农业退化为畜牧业，北方的人习惯以畜牧产品作为主食等。这些人并不是从北方草原来的外族，他们只是长期居留在北方的人而已。

因此，当晋室南迁之时，整个社会对这样的大规模人口迁移其实已经有了一定的组织准备。北人南渡，南方并没有因争夺土地而发生严重冲突，一方面是南方还有较多的土地，农业开发密度不高，另一方面，整个社会在一百多年里已经形成了相当严整的阶层化组织。

法国人类学家路易·杜蒙（Louis Dumont）有一本极具争议性的名著《阶序人》（*Homo Hierarchicus*）（全名为《阶序人：卡斯特体系及其衍生现象》，王志明译，浙江大学出版社，2017年），这是一本研究印度种姓制度的书，而且作者是站在认真理解种姓制度而非简单批判的立场上。这本书要说明的是，人为什么会接受某种阶层分配和安排，为什么社会底层的贱民阶层不反抗，以及如此严格的阶层划分到底发挥了怎样的社会作用。这样的立场，在很多人看来似乎是在为种姓制度辩护，认为种姓制度有其内在的道理，不应该用其他观念比如主流的平等主义观念等进行批判。

我们不需要全盘接受《阶序人》一书中的论点，却可以参考路易·杜蒙对社会组织的解释分析，认识六朝世家贵族制度在战乱时期发挥的作用。为什么晋室南迁之后没有带来严重的土地争夺以及相应的社会动荡？部分原因在于，晋室南迁之前，这些世家贵族的阶层地位已经存在，明确的阶层观念限制了争夺的范围和强度。在具备相对明确的阶层组织的情况下，连带有大批人口迁徙的晋室才能在短时间内，在南方建立起新的庄园经济体系。

全国范围内人口大量减少，但在北方和在南方，人口减少的理由不太一样。北方人口减少，是因为死了很多人，而逃的人更多，也就是在大片地区真的没有人了，以至于原本在外围的外族大举进入。南方人口的减少则是人口统计数据的减少，往往是因为大量户口被隐匿在世家贵族中，对朝廷来说，这些人相当于不存在了。

这段时间里，中国人口数量有所恢复，尤其是在南方。不过增长的人口，绝大部分都不在朝廷的掌控中，从官方统计看到的人口数量，会远少于实际人口数量。隐匿的人口越多，就意味着世家贵族的势力相较朝廷而言还在继续扩张。

03

晋朝的占田令

“占田”成了这个时代的一个主要现象，也就构成了一个主要问题。朝廷没有足够的统治能力处理所有的荒地，无法真正掌握谁来了、谁走了，却也不能完全放弃对土地的管辖。《晋书·食货志》里就记载了晋平吴之后，所宣布的“占田令”：

又制户调之式：……男子一人占田七十亩，女子三十亩。其外丁男课田五十亩，丁女二十亩……其官品第一至于第九，各以贵贱占田，品第一者占五十顷，第二品四十五顷，第三品四十顷，第四品三十五顷，第五品三十顷，第六品二十五顷，第七品二十顷，第八品十五顷，第九品十顷。而又各以品之高卑荫其亲属，多者及九族，少者三世。宗室、国宾、先贤之后及士人子孙亦如之。而又得荫人以为衣食客及佃客，品第六已上得衣食客三人，第七第八品二人，第九品及举辇、迹禽、前驱、由基、强弩、司马、羽林郎、殿中冗从武贲、殿中武贲、持椎斧武骑武贲、持钑冗从武贲、命中武贲武骑一人。其应有佃客者，官品第一第二者佃客无过五十户，第三品十户，第四品七户，第五品五户，第六品三户，第七品二户，第八品第九品一户。

这道“占田令”明确宣告，百姓可以占田，但有规定的限度。这个规定的重点是，官品越高，朝廷就准许、放任你占用越多的土地。从第九品的十顷，一直到第一品的五十顷，显然朝廷准许的占田面积很大。

九品准许占有的十顷，相当于一千亩，而对照一般平民，男子可以占田七十亩。从这样的比例关系，我们可以看出朝廷对有官品之人的厚待。一个九品官可以占有的土地几乎相当于十五个平民男子，也就是假定了这个九品官会带领如此规模的队伍占据、利用这些土地。

除了按官品“各以贵贱占田”，诏令还说“又得荫人以为衣食客及佃客”，意思是有官品的人还可以将一些人纳入家户私口范围内，这些人不算国家的编户齐民，也就是免除了他们对国家的赋税、徭役责任。这样的私口，九品可以有一户，最高的一品可以有五十户。

这个诏令的要点不在数字，而在其精神。首先，朝廷承认现实，同意有实力的人占有更多土地，却同时试图将占田与朝廷官职体制结合在一起，维系朝廷在表面上对土地的管辖。其次，经过战乱，朝廷的资源经常不足以供给官员原有的薪俸，汉朝留下来的五百石、二千石等级名称，先是成为象征性的具文，后来甚至逐渐从体制中淡出，由品级名称代替。理由很简单，朝廷发不出五百石、二千石等值的薪俸了。

所以“占田令”同时意味着朝廷改以“占田”和“荫客”等特权给予官员酬报。朝廷不再是从国库拿出资源供养官员，而是给予特权让官员自己去占田积累财富。很明显，这样的朝廷在节制、管理官员的权力上，必然是大打折扣的。

04

朝廷鼓励占田

“占田”一旦成为朝廷承认的制度，其范围和程度就很难控制了。晋成帝咸康二年（336 年），朝廷颁布了一份“壬辰诏书”，这份诏书严格规定：“占山护泽，强盗律论，赃一丈以上，皆弃市。”规定的主旨在于禁止占据山林水泽。“占田”准许百姓和官员占用农地，恢复农业生产，但山林和水泽，仍然被视为公共区域，也就是归国家所有。因此诏书规定，如果“占田”不够，还要占山占泽，那就当作强盗论罪，仅仅占了区区一丈土地，就处以“弃市”的严厉责罚。

出现这样的诏书，表示占山占泽的情况很普遍。皇帝下了诏书，能够防堵这样的行为吗？显然不能。“壬辰诏书”颁布五十年后，晋孝武帝（372—396 年在位）时又颁布了另一道诏书，明确推翻了“壬辰诏书”：

壬辰之制，其禁严刻，事既难遵，理与时弛。而占山封水，渐染复滋，更相因仍，便成先业。一朝顿去，易致嗟怨。今更刊革，立制五条：凡是山泽先恒熂爈，养种竹木杂果为林芿，及陂湖江海鱼梁鰌鮆场，恒加功修作者，听不追夺。官品第一第二听占山三顷；第三第四品二顷五十亩；第五第六品二顷；第七第八品一顷五十亩；第九品及百姓一顷。皆依定格，条上赀簿。若先已占山，不得更占；先占阙少，依限占足。若非前条旧业，一不得禁。有犯者，水土一尺以上，并计赃依常盗律论。停除咸康二年壬辰之科。

新的诏书明确表示，“壬辰之制”根本无法执行，仅凭一道命令就要人将占据已久的山林水泽交出来，而且用惩罚的强迫手段，必然引发民怨四起，使得朝廷难以应接。因此，现在要采取不一样的方法，制订五条新规定，申明本来就占了的，只要在一定面积范围内，就不追究了。怎样才叫没有超过范围呢？仍然是照着“贵贱”分等的，最低的九品和没有官品的，准许占一顷，官品最高的一品，可以占三顷。

还有一个补充规定，按照官品准许占用的山林水泽面积，如果那人原先没有占那么多，这时可以“依限占足”，意思是一品官员如果之前占了一顷的山林水泽，这下子非但本来占的一顷不用归还，他本人也不用受罚，而且按照额度，他还可以再去多占两顷！

这份诏书不仅废止了“壬辰诏书”，而且逆转了“壬辰诏书”的根本精神，开放占用山林水泽，甚至鼓励占用。这显示出，贵族占田占山，已经不是战乱过后的临时措施了，而是成了政府正式制度的一部分。

占田占山的情况，因晋室南迁，而出现了新变量。这个时期南方的农业耕作方式比北方的粗放，经常用“火耕水耨”的手段，也就是先将土地上的杂树林或杂草放一把火烧掉，然后为了避免还有种子会重新发芽，也为了将烧成的灰化为养分，就灌水将烧过的土地淹满，浸泡一段时间后，才开始进行耕作。

凭常识可知，要放火烧地，一定要在面积相对较大的田地上进行，当时南方很多地区一方面还地广人稀，另一方面也因为贵族带着佃客集体占田，占下较广的土地，所以可以这样进行。配合南方的耕作方式和耕作条件，大面积的庄园种植成为生产上的合理选择。

05

佃客、荫客与大庄园

两晋之际，关于计算田地面积方式的改变，在傅玄的一份上疏中，有所记录。他说："古以百步为亩，今以二百四十步为亩。所觉过倍。"本来百步见方为一亩的算法，到他的那个时代，变成了两百五十步见方才算一亩。若果真如此，这就意味着随着时间推移，一亩田的面积增加到原本的六倍之多。

傅玄在上疏中从课税制度的角度解释土地单位面积的改变。以前的为政者轻赋，鼓励百姓在有限的土地上精耕生产。农民投入更多心血，得到更多收获，扣除固定需缴交的赋税，农民自己可以保留的收成也就越多。后来赋税不断增加，破坏了农民精耕细作的生产方式。

比如，原本固定一亩地收十石的赋税，农民生产五十石可以留下四十石，增产到一百石就能留下九十石。然而，后来朝廷的做法是不合理地提高赋税，比如一亩收赋税三十石，农民继续耕作一亩田，根本无法应付赋税。如果他要增加可以留下的收获量，唯一的方法是增加耕作面积；但面积增加了，赋税又会等比增加。于是他要活下去，只能隐匿耕作面积，如此导致实际上的每亩面积越来越大，农民这样做是为了在缴纳同样赋税的前提下增加整体的收成，从而保证收获节余。

傅玄上疏的重点是为朝廷提供赋税建议，所以他从赋税的角度解释田亩单位面积变大的现象。这绝对不是自然、合理的现象，而造成这个现象的原因，比傅玄说的要更复杂，其中就牵涉晋室南迁后贵族占田的潮流。基于占田面积上的限制，贵族们占田时必然倾向于少报、减报占田亩数。比如，一个人占了二十亩却只报十亩，坚称自己拥有的土地面积只有十亩；大家都这样做，受集体潮流影响，土地单位面积就被扭曲了，同样单位涵盖的土地面积越来越大。

魏晋以降，北方人口有组织地迁移，有时多达百户的佃客一起到南方，配合南方的粗放耕作风格，扩大耕作面积，开始了大规模的封山占泽行为。封山占泽不是个人行为，不是基于个人意志进行的。占下大片土地后，需要有人耕作，有人居住，有人管理，因此封山占泽与佃客制紧密联系在一起。佃客制使得世族带领大量人口进入新的区域，有充分条件可以开发相对荒僻的地区，进而占下较广的土地。

南朝重要的大庄园集中在会稽一带，一方面远离朝廷所在的政治中心，另一方面也因为那里有较多的荒地、空地。庄园借大量佃客的人力封山占泽后，还需要建立起有效的生产机制，等到生产稳定了，就会产生连带效果，也就是吸引更多的荫客加入庄园。

荫客有两种来源：一种是新近从北方持续迁移过来的流民，这样的人很难自己找到新的土地开发安居，他们倾向于依附在已经成立的庄园里；另一种是带有佃客的家族，因为来南方晚，占田占山的机会相对较少，于是借由自身的郡望、姓族，选择投靠已有的庄园势力。

出自同籍，有同样的姓氏，这个家族基本上会被视为亲族。不过还有更讲究的做法，从家谱、族谱记录认定彼此的关系。从东汉开始，随着大家族的发展，用来存记亲属关系的家谱、族谱也就连带发展了。

前一种零散的流民，随着时间推移，人数越来越少，于是庄园的扩张到后来越发倾向于通过后一种方式进行。在原来的庄园之下，依附着相对较小、次级的庄园，二者彼此联结，经过几十年，才形成了南朝的大庄园。这种大庄园一般都分成好几个层级，有复杂的结构。

大庄园必定属于世家大族，这样才能吸引多层的荫客组织投靠依附。另外，这样的大族必须对朝廷政治有足够大的影响力，使得朝廷在各方面尤其是军事行动上，对他们有所依赖，也就无法对他们的庄园施加限制和进行管辖。

06

自给自足的小王国

最著名的大庄园包括谢家的庄园，因为出现了谢灵运这个人，而保留了特别的记录。《宋书·谢灵运传》完整收录了《山居赋》，其价值体现在它详细描述了大庄园的内部情况和运作模式。我们可以从经济史而非文学史的角度阅读这篇作品。

《宋书·孔灵符传》另有关于孔家庄园的记载：

灵符家本丰，产业甚广，又于永兴立墅，周回三十三里，水陆地二百六十五顷，含带二山，又有果园九处。

孔灵符家本来就很富有，拥有庞大的产业；他们又在永兴建立了另一个庄园，这个新建的庄园有多大呢——庄园方圆三十三里，面积有两百六十五顷。每顷是一百亩，每亩百步，粗略计算就知道这庄园有多大了。另外，庄园还包括两个山头，另有九座果园。

庄园里的果园长什么样子呢？我们参考《山居赋》的说法：

北山二园，南山三苑。百果备列，乍近乍远。罗行布株，迎早候晚。猗蔚溪涧，森疏崖巘。杏坛、柰园、橘林、栗圃。桃李多品，梨枣殊所。枇杷林檎，带谷映渚。椹梅流芬于回峦，椑柿被实于长浦。

谢家的庄园也有两个山头，分别是北山和南山，里面还有悬崖、瀑布、小溪、大河、池塘、沼泽。园子里刻意安排栽种了不同的树木，在不同季节生产不同的果实：杏、桃、李、橘、栗、枣、梨、梅、柿，甚至还有枇杷、苹果。果实结满时，布满山谷的颜色和形体，反映在水面上，十分美丽！

仅仅果园就那么丰硕，我们可以推想庄园中更基本的谷类生产，当然不会有问题。南朝出现的这种庄园，是一个在生产上自给自足的小王国。越大的庄园就越能生产所需的一切，为了追求自给自足，庄园所需的面积也自然就越来越大。这使得经济朝向生产自给自足发展时，又牵涉这个时期货币的失灵、货币系统瓦解的现象。

自给自足的庄园，减少甚至取消了与外界交易的需要，造成交易减少的一个因素是交易变得越来越困难。在没有货币中介的情况下，不管是要买还是要卖，都很麻烦，不如干脆想办法在庄园范围内安排所有的生产，缺少什么，就在庄园内部发展什么样的生产。于是，庄园越扩越大，而且庄园所需的地理条件，最主要是土地的多样性，要求也就随之不断提升。

在这个时期，货币使用的状态，几乎退化到自春秋以来最低的限度，其根本原因是铸铜的成本太高，使得铸造铜钱作为货币，变得不切实际。中国核心区域开始采铜加工，可以远溯商代，到谢灵运的时代，已经有大约两千年的时间了。这意味着比较容易发现、容易开采的铜矿，大概都被采光了。要再进行采矿，必须到更偏远的边境地带或对技术要求更高更深的矿层寻找，然而在当时的局势下，技术并没有突破性的进展，而且边境一团混乱，不在朝廷控制下，不可能维持采矿这种事业所需的基本秩序。

另外，就算找到了铜矿，铸铜过程中还需要锡，高温则需要燃料，还需要通过交通运输将各种原料送到同一个地方。这一切，在战乱频仍的时代，都变得越来越难，耗费的成本也越来越高。

还要考虑的一个因素是，铸铜技术的发展和普及，创造了铜器的需求，日常生活中有很多器具是用铜铸造的，于是铜器和铜钱之间，又产生了竞争关系。能够用来铸钱的铜，也能用来制造器具。是铸钱还是铸造器具，就要看哪一样能带来更多的利益了。

如果铸铜成本高到一定的程度，造铜钱所需的花费，就会超过铜钱本身的交易价值，这样，朝廷就必须重新考虑该不该铸铜钱，乃至重新思考货币的功能和意义了。

07

铜钱经济变为绢帛经济

这个时期，关于货币，人们产生了三种不同的态度，互相争议。

一种最简单的态度是，有人出于直觉，感受到财政上的困难，就主张应该多铸钱。朝廷铸了钱，有了钱，不就能富起来，能够解决财政困难了吗？这种观点却违反了基本的货币经济原理。

这派人还主张，没有足够的资源铸钱，就可以铸“大钱”，也就是将原本的五铢钱做得大一点，然后规定新的“大钱”“以一值百”或“以一值五百”，甚至“以一值千”，这样不就多了很多可以使用的金钱额度了吗？

货币经济原理告诉我们，这样做产生的结果，不是朝廷或社会上有更多货币可以使用，而是货币会迅速贬值，出现恶性通货膨胀。

新铸的钱所含的贵金属成分，与原有的古钱不成比例，就使得人们弃金从古，“唯用古钱”，只有汉朝铸造的五铢钱还有公信力且能流通，新钱铸了相当于白铸，在市场上无法发挥流通交易的作用。

因铜钱价格贬值而出现的另一派主张，必须保持铜钱的内在价值，应该“不惜铜，不爱工”来铸钱。不能粗制滥造，铸钱务求技术精良，这样才能让钱币发挥作用。从道理上看，这主张是对的，然而在现实中却仍然行不通，要“不惜铜，不爱工”来铸钱，成本太高，尤其是与还在流通的古钱相比，新钱成本远高过古钱。而且，“不惜铜”谈何容易，没有便于开采的铜矿提供原料，若是从民间收购铜器，又必然会造成铜价上涨。

所以这种做法也行不通。于是出现了第三种主张，干脆放弃铸造铜钱。“废钱用谷帛”，交易就退回以实物为媒介的形态，如此将铜省下来，作为铸造器物的原料，反而有助于生活。

魏晋南北朝时期，这三派意见来回争执，争来争去还是无法解决铸铜成本太高的问题。一个难以阻挡的结果是铜钱逐渐在市场上消失了，钱越来越少，交易也就越来越困难。取代铜钱的交易媒介是布帛；布指的是麻布，帛则是丝帛，帛的价值高于布。布帛用于交易，受益于南方桑蚕生产的发展，北方的种桑、养蚕、缫丝技术传入南方，进入庄园经济生产中，由原本家户手工业转变为集中生产，这就扩大了丝织品的产能和产量。

南朝经济史上曾出现过李剑农先生专门论述过的“绫机之变”

(《中国经济史稿》，1947年讲义，后分三册出版)。绫机是一种新型的织布机，织出的新布，被称为“绫”。绫机的特色是有更多的纵横丝轴，因而可以织出更多复杂的纹样，也就为织物创造出更高的价值。在南朝的经济文献中，相关的价格计算往往直接以“匹”为单位，如果没有特别注明，指的就是绢帛。庄园制带来人力和技术上的集中，造出更有价值的绢帛，使得这种具备自身价值的实物取代铜钱，具备了货币的功能。

我的老友唐诺在《文字的故事》里提过一种理解过往文化和智慧的方法，那就是查考《康熙字典》，找到那些我们今天基本不用也已经不认识了的字，他举的例子是“马”部。看这些“马”字旁的字，你会发现除了少数几个字，里面绝大部分的字我们都不认识了。这些字的存在，证明了古代中国人的生活与马非常亲近，所以创造出许多与马相关的不同文字来分辨、记录不同的马，以及诸多与马相关的现象和活动。后来，马渐渐从中国社会还有一般人的生活中淡出，因而这众多的字就都成了“死字”，不再通用了。类似的情况也发生在“纟”部。这个部首里也有很多我们不认识的字，显示出织造物在古代中国有过辉煌的成就。

绫布或高价值的绢帛，主要在庄园生产，庄园里生产桑蚕，又有足够的人力，能够生产出庄园以外的小农生产不出的产品。南朝的世家贵族们，当然乐于以绢帛代替铜钱，成为市场的交易货币。庄园再大，不会有铜矿；然而绢帛成为货币，实际上也就相当于世家贵族们拥有了生产货币、控制货币这一巨大的权力。

铜钱的生产，需要大量的原料和挖掘运输等条件，这些资源显然会掌握在朝廷手中。相对而言，绢帛的生产却可以地方化，世家贵族的庄园是最主要的绢帛生产中心。铜钱流通不畅，转而绢帛兴起，显然又进一步巩固了世家贵族对朝廷的权力制衡，朝廷虽然有自身的官营工业，也生产绢帛，但朝廷无法垄断绢帛生产，更不可能禁止庄园生产。

在货币形式上，铜钱经济变为绢帛经济，又进一步推动了庄园的繁荣。

08

庄园、绢帛与商业活动

庄园在经济生产上是一个自给自足的小王国，小王国范围内所需的东西，几乎都不假外求。在这种情况下，交易活动当然也就缩减到了最低的限度。那么，新兴的绢帛货币，还有什么用处呢？

第一，庄园以外的社会交易活动，在铜钱几乎丧失货币功能的情况下，只好诉诸绢帛进行买卖；第二，大部分与朝廷有关的财政问题，无法以实物处理时，也必须用绢帛来进行；第三，世家贵族可以用绢帛交换庄园不生产、无法生产的东西。

已经自给自足的庄园，还需要什么呢？庄园需要非生活用品，也就是奢侈品。绢帛在朝廷可以作为军费、官费等支付货币使用，而在世家贵族那里，绢帛用于交换的主要就是能让他们炫耀斗富的物品。从晋朝开始，炫耀斗富成为世家贵族生活中很重要的一部分，因为这不仅涉及像石崇这种人的个性，或上流人士普遍的虚荣心，而且涉及复杂的世家地位争夺和维持问题。

炫耀斗富凭的是远方来的物品，比如玑珠、犀角（犀牛角）、象牙、玳瑁、香料等。这些物品都是晋室南迁之后贸易的大宗，也就是用绢帛交换的主要对象。在这样的环境里，专门的奢侈品经济出现，进而在奢侈品贸易的刺激下，又出现了进口中心和出口中心。这样的中心，就落在南朝最重要的四个城市里。

进口的主要中心，当然是王朝中央所在的建邺（建康）；还有一个中心是京口，位于今天的镇江，那是谢家所在之处，是北府兵的根据地。北府兵以京口为根据地，因为这里是庄园经济的核心地带。北府兵的兵源是庄园部曲。世家们提供了原本的私兵，还有朝廷提供了支持和补助，交由谢家练兵，这就是北府兵的确切性质。所以北府兵实际上仍然带有强烈的私兵性质。

借由朝廷和庄园经济的运作，建邺（建康）和京口成了奢侈品进口中心。那么奢侈品从哪里来呢？与海洋有关的珍稀对象，主要从广州来；与生活享受有关的高级用品，则主要从成都来。成都的一个特产是“蜀锦”，即使南朝桑蚕工业高度发达，“蜀锦”仍然是最高等级的织物，是无法被超越也无法被取代的超级品牌。

这四个城市的商业活动当然不限于奢侈品进出口，不过奢侈品经济的存在确实是让这些地方能在混乱时代保持繁荣的主要因素。奢侈品经济越兴盛，就越有利于世家贵族，因为奢侈品的进出买卖也都控制在他们手中。那个时代几乎没有自由贸易的商人，想要做生意，先得拥有交易货币，也就是绢帛，于是谁掌握了绢帛的生产，也就掌握了商业贸易。

为什么世家贵族能有那么大的力量？他们不只是靠人际关系和政治力量，也不只是靠抽象的门第声望和地位，而是凭借非常稳固的经济基础。这是一套盘根错节的庞大系统，给予世家门第坚实的优势；凭借这样的条件，他们才能拥有对抗朝廷的力量。

09

侨姓都是打不倒的土豪

南朝的门第贵族分两种：吴姓和侨姓。二者都是世族大姓，但若是从经济的角度来看，我们就能清楚看出二者的差异，发现吴姓的地位不如侨姓。晋元帝刚到南方时，王导借助吴姓顾家的协助，稳定了东晋政权。然而，当王导提议让自己的儿子娶顾家女儿时，顾家却没有接受。不是顾家骄傲，不肯嫁女儿，而是顾家不敢接受，他们认为自家的地位与王家的相差太远。

随着时间推移，吴姓与侨姓的地位差距没有缩小，反而越来越大。因为侨姓世家带着庞大的佃客队伍，有组织地进入南方，凭借这样的组织势力封山占泽，原本是主人的吴姓世家反而成了弱势一方。这样的情形早已固定，吴姓世家没有野心也缺乏大量人力进行类似的活动。从北方来的人，不管他是怎么来的，必定优先选择投靠比他先到来且已经站稳脚跟的北人势力，不可能依附吴姓南人。

另一个关键因素是，这些吴姓尽管是大姓家族，但他们没有像侨姓那样封山占泽的自由。在侨姓迁来之前，他们就已经入籍，由朝廷管辖。吴姓世家是黄籍，而新来的侨姓则是白籍。前面说过，黄籍、白籍的名称源自黄籍记录在竹简上，白籍记录在纸上，黄籍是旧的，白籍是新的。不过更重要的分别却在于，黄籍是原有的、固定的，白籍却是新增的、临时的。

西晋灭了原来的吴国，那时朝廷有足够的力量将先前吴国的户籍全部接收，予以管理。所以这些吴姓世家中属于他们的荫客、荫户仍然登记在国家户籍里，由朝廷掌握。登录在白籍上的侨姓不一样，朝廷承认他们是临时逃难来到南方，将来还要回到北方去的，毕竟晋元帝不可能在迁到南方时就宣告不再回去了。当时的心态，必然认为这种户籍是临时的，虽然人在南方，眼里看到的却是北方故土，所以相应的一切措施都是临时的。既然是临时措施，那么白籍的作用就不是反映北方世家来到南方后的现实情况，而是记录保留北方原本的情况，记录什么样的人从什么地方迁过来，在迁徙之前他们在北方如何。因此，白籍记录的其实是已经消失了的北方户籍状况，准备将来回到北方之后用的。

这一趋势发展到第二阶段，白籍才稍微有了让朝廷了解北来侨姓概况的作用。不过白籍始终是临时的，与黄籍不同，并没有严格地登记所有丁口，只是含混笼统地以家或宗族为单位，实际上承认了世家大族统领丁口的权力。这样的做法，当然就给了白籍侨姓很大的自主空间，他们可以自由拥有大量的部曲、佃客，后来还能自由收纳更多的流民，甚至在封山占泽的过程中收编既有的人口。如果有村落被占，他们可以权衡利害，看是要搬离另找出路，还是干脆与新来的主人合作，成为逃户，接受侨姓大户的保护，这样就是从原有的户籍中消失了，不再承担对朝廷的责任。这些事情都在朝廷监管范围外进行，朝廷控制不了。

因此，吴姓的经济和政治势力，无法与侨姓相提并论。为什么后来桓温、刘裕都要推动“土断”？“土断”最简单的解释，就是黄白籍合一，取消白籍，所有的人都按照黄籍的方式登录为朝廷的编户齐民，上缴赋税。“土断”实施的手段很温和，只是要求从一个特定时间开始，原本白籍范围内新增的人口，必须如实登录在黄籍上；它并不打算追查原本侨姓世族所属的人口，不打算让他们都成为朝廷课税的对象。

即使是这样温和的办法，也还是明显侵犯了世家大族的权力，必然遭遇他们的反对和抵抗。经过漫长的角力，朝廷陆续不断推出新制度，门第贵族的经济势力逐渐受到裁抑，这样下来，直到隋唐时期，朝廷、皇家相对于门第贵族的地位和权力才逐渐上升。

10

门第贵族的特殊地位

在东晋，王导、王敦或谢安、谢玄都不是传统意义上的朝廷官员，他们更是庞大庄园产业的主人。从东晋到南朝的这些世家贵族，他们一方面与朝代更替有密切关系，另一方面有更切身、更重要的家业需要看管照顾。这些人与朝廷是合作共生的关系，并不依赖朝廷。另外，相较于他们的家业，朝廷给他们的官职其实没那么重要。

他们并不那么在意朝廷的官位，更不在意朝廷的职务。他们当官主要是为了表示愿意与朝廷合作，而不是对立，更不是要引来朝廷的敌意，因此他们愿意当的官是“清官”。前面说过，“清官”对应“浊官”，而这时“清”“浊”的划分，与后世的标准很不一样。他们的“清”指的不是“清廉”，而是“清逸”，是一种与世俗事务保持距离的态度，对一般人热衷的事情表现得不在乎。“清官”不愿意花时间费精力在官场事务中，显然不是后世花时间费精力认真做事情的“好官”。在他们眼中，认真做事是“浊官”才会有的态度和行为。这些“清官”能这样“清”，是因为他们有世家背景，他们不依靠朝廷，只需要摆出与朝廷合作的姿态即可。

不过，这种表现在外的“清逸”，也不是世家贵族生活的全部，毕竟他们还要经营庄园家业。这个时代的一个流行风气是“清谈”，强调潇洒不羁的人生意趣，然而在“清谈”发展的同时，还有坚实的家学，尤其是“礼学”，作为必要的知识内容。如果这些世家贵族真的都如“清谈”或“竹林七贤”表现得那么潇洒不羁，为何“礼”在这个时代也同样突出呢?

家学中非常重要的一支是家谱学，它对宗族系谱进行详细记录。中国家谱学在这个时候发展到高峰，原因就在于其背后有庞大的庄园产业，与庄园相关的利益和权力，都需要在家族内部进行安排。家谱可以确认每个人在这个家族中的身份，而礼学则精细地规定了每个人在家族中的合宜行为和责任，这样庞大复杂的家族才能正常运作。

这些运作的状况和细节，不会出现在谢灵运《山居赋》一类的文献中，却是这个时代经济、社会的基本，需要我们更用心地从各种史料中挖掘出来。

在这个以门第贵族为中心的时代，贵族为了显现其特殊地位，他们的生活常带着强烈的表演性质，通过各种仪式突显与其他人的差异。当时流行的清谈和豪奢斗富，其实都同样基于外在的、表演的动机。同时，我们不要忘了他们还有内在的一面，门第贵族为了维护他们的特权，必须小心谨慎地处理经济和政治事务。外在的表演的浮夸与内在低调的谨慎，这两面合在一起才构成了真实而完整的六朝历史面貌，这样我们才能理解六朝门第与六朝经济。

第 六 讲

六朝诗歌的新形式与陶渊明

01

阅读文学作品需要懂得“文类”

从历史的角度研究中国文学，我们需要说明一些可能产生的误解。首先，按照现代的观念，当我们看到一部文学作品，会很自然地假定这部作品背后必然有一位作者，且作者与作品是分不开的。然而，从历史的角度来看，这件事却不是天经地义的，而是相对晚出现的现象。几乎每个文明所产生的文学，最早都是没有特定作者的，先有文学作品，后来才有可以被辨识的作者。

其次，正因为我们习惯于文学作品必定有作者，所以我们就对作品产生了一个不言而喻的假定，那就是作品表达了作者的个人经验、感受或思想，他看到了什么、体验了什么，他如何受到刺激，如何被感动，他便将这些写进作品里。即使要扩大理解作品与作者之间的关系，至多也就是将作品视为作者所处的社会和时代里有共同身份背景的人的代表。

这是我们习惯看待文学的方式。然而容我提醒一下，在文学史上，有一个经常被忽略、被遗忘的因素，对决定作品的意义非常重要，那就是“文类”。也就是说，一部作品除了与作者有关系，与作者所处的时代和社会有关系之外，往往还与这部作品采用的“文类”有关系，与这个“文类”传承积累的习惯、套式有关系。

“文类”有“文类”的习惯、套式，选择这个文类，作者就必须按照这“文类”的习惯、套式来写，很可能与他个人或他所处的时代和社会都没有直接关联。如果缺少对“文类”的认知和理解，我们很容易错将作者受限于这些习惯、套式所写的内容，当作作者个人的意见或感怀。

“文类”或“类型”不限于文学，在各种艺术创作中都存在，都有影响。比如在音乐上，我们可以认真考察莫扎特的作品。任何人听莫扎特的作品，都能够感觉到愉悦、优雅、明亮的风格。然而考察一下莫扎特的生平，我们会发现他的遭遇、情绪，与这样的音乐风格有很大的距离。莫扎特一生过得很坎坷，每个阶段都有不同的不愉快和挫折，而且他在信件中显示出来的个性，绝不优雅。一个内在带有粗鄙特质，经验上又有许多悲苦的人，为什么会创作出那样的音乐?

有人说这是莫扎特最神奇、最了不起的地方，他活得那么不快乐，却藏起了他的悲哀和伤痛，只把快乐放入音乐中留给世人，等等。这样的说法很感人，很高贵，然而恐怕不是历史的事实。因为莫扎特的基本风格，是遵循当时宫廷音乐的习惯、套式，这种音乐类型所强调、所追求的，就是平衡、优雅、愉悦、快乐等。那时候绝大部分音乐家创作的作品，都有这样的共同个性，与莫扎特个人无关。如果从这个角度来认识莫扎特，我们认识的只是莫扎特所运用的类型风格，而不是莫扎特之所以为莫扎特的真正特殊之处。

我们还可以用武侠小说做例子。要是后世的读者缺乏对武侠小说类型的认识，当他们读到金庸的作品，或许会觉得金庸最大的本事在于他知道那么多武林门派——少林、武当、峨眉、丐帮、四川唐门，这些内容令人眼花缭乱，我们作为读者都记不得这么多，金庸怎么能想得到并且写得出来，太了不起了！

我们知道，那不是金庸了不起，而是他站在武侠小说类型的潮流上在创作。那些门派没有一个是金庸本人创造出来的，甚至那些门派使用的武功，绝大部分也不是金庸发明的。这些只是，在金庸开始写武侠小说以前，就已经先存在了，金庸只是按照这种小说类型的传统和习惯，把这些门派写进小说里而已。在金庸之前，与金庸同时代，甚至比金庸晚一点的武侠小说作者，都用同样的方式写这些门派。然而，金庸的独到之处，当然不在这里，而在于他创造了像杨过、小龙女、郭靖、黄蓉、东邪、西毒和韦小宝等个性鲜明的人物，那才是其他人写的众多武侠小说中没有的。

02

汉朝民歌《上邪》《有所思》对声音的表现

当我们理解文学史时，应有的一个警觉，就是察看“文类”在时间中的变化。关心“文类”，沿着“文类”的消长变化考察，我们会发现，东汉以降，文学的重大发展之一就是“诗”这个文类卷土重来。

“诗”是具备强烈声音性的文学作品，上古时期出现的《诗经》《楚辞》，有很高的文学成就。然而，秦汉之后，诗这种创作形式一度中断了。汉朝流行的是“赋”，它走了与“诗”很不一样的一条路。从语言与文字，或者说听觉声音与视觉形象的关系来看，“诗”着重声音，以文字为工具，将声音捕捉记录下来；“赋”的重点却在文字，它大幅开拓了文字的领域。在西汉，“赋”是与“字书”平行发展的，好几位主要的“赋”家，都同时是字书的编撰者，这样的身份重叠绝非偶然。

那是文字扩张的时代，并不是因为语言变化了，所以文字需要相应变化。中文不是表音文字，再加上中国人对文字高度重视，于是，文字有了自己的生命，在汉朝受到特别重视，文字数量不断增长。“赋”里面所用到的每个字固然都有相应的读音，但是“赋”体并不那么重视声音性，它主要强调彰显的是丰富的字形字义，主要诉诸人的视觉辨认；人们看到字，产生感受，在这个过程中，对声音的讲究是其次的。“赋”是文与言脱离的情况，是重文轻言的一种特殊文类。

汉朝文人重视文字，然而毕竟文字记录语言这一功能不可能被压抑、取消。虽然文字与语言的联系一度不受重视，但东汉之后，声音与文字之间的新关系逐渐出现了。

我们看当时的民歌，就看得出来中国民间的语言声音有所变化。汉朝出现了特殊、有趣的民歌，比如《上邪》。“上邪”是发语词（文言文中的语气助词），没有意义，也就是单纯用文字记录下来的仿真声音。显然，诗歌开头的声音是原本音乐自然产生的高亢声音。这个发声吸引人注意之后，诗人接着才唱出歌词：

上邪！我欲与君相知，长命无绝衰，山无陵，江水为竭，冬雷震震，夏雨雪，天地合，乃敢与君绝！

多么强烈而直接的感情表露：我要和你在一起，一直在一起，直到山峰的棱角消失，江水枯竭，季节颠倒，冬天打雷，夏天下雪，天与地合在一起，我才愿意和你分开。

除了在意思上有这样浓烈的夸张之外，我们还应该注意到这首民歌在字句声音安排上的特色。我们如果回到《诗经》或《楚辞》的那个时代，其实很容易将这首民歌这样整理："欲与君知，长命无绝，山无陵兮江水竭，冬雷震兮夏雨雪，天地合焉，敢与君绝。"这样的表达在声音上会整齐得多，但重点是，这首民歌不是用这么整齐的声音组成的，而是通过语言，声音与情感产生更朴素的结合——语言浅白，情感直接，相应的声音也很自然。

又比如另一首乐府诗《有所思》：

有所思，乃在大海南。何用问遗君？双珠玳瑁簪，用玉绍缭之。闻君有他心，拉杂摧烧之。摧烧之，当风扬其灰。从今以往，勿复相思。相思与君绝！鸡鸣狗吠，兄嫂当知之。妃呼豨！秋风肃肃晨风飔，东方须臾高知之。

诗歌写道：我想念的人远在大海的南边，他送过我宝贵的东西，然而听说他变心爱别人了，我就将他送的东西拿去烧掉，烧成了灰再让风吹走。我决心从现在开始，连想都不要想这个人。然而，实际上又是一夜难眠，清醒地等到鸡鸣狗吠，马上就要天亮了。

在这首民歌里，有很丰富的声音表现，比如"拉杂"就是特殊的声音，而且说"拉杂摧烧之。摧烧之，当风扬其灰"，在声音中显现一种决绝的情感。另外，“妃呼狶”是很强烈的感叹拟声之词，配合对终夜不寐之痛苦的描写，这种词很难用白话文翻译出来。

03

乐府诗所表现的民间情感

汉朝出现了这种来自民间的与音乐密切相关的作品。将这些民歌在字句上多做一点整理，就形成了“乐府”。“乐府”，顾名思义源自音乐，同时保留了来自民间的直接情绪表现。

在古乐府诗中，有《十五从军征》，诗中直白地表现了从军的悲哀痛苦：

十五从军征，八十始得归。
道逢乡里人，家中有阿谁？
遥望是君家，松柏冢累累。
兔从狗窦入，雉从梁上飞。
中庭生旅谷，井上生旅葵。

烹谷持作饭，采葵持作羹。
羹饭一时熟，不知贻阿谁？
出门东向望，泪落沾我衣。

诗中描写道，这个人十五岁就被拉去从军打仗，一直到八十岁才得以回到故乡。那么多年了，家中哪里还有人在呢？要找的记忆中的那个家，现在已经变成一片坟冢，过去认识的家人只能到坟墓里去找吧。原本居住的环境，现在全成了废墟，养狗的地方野兔跑来跑去，野鸡从屋梁上飞下来，就连中庭都长出了野生谷子，长期没人用的水井边上长满了野生的蕨类植物。于是采了野谷和野蕨，拿来烧了一顿羹饭，饭熟了，可以吃了，但要拿给谁吃呢？所有关心的人都不在了，自己也没有食欲，于是出门往东边看，眼泪淌流下来，把衣服都沾湿了。

这是一首典型的乐府诗，清楚反映了民间底层百姓的情感，可以想见，它原先应该是在日常生活中被吟唱出来的，能够激发听者强烈的认同感动。乐府诗中有一些以“行”命名的作品，明确指向其来源形式是歌，一开始是吟唱出来的，后来才转而以文字记录，或许在这个过程中，诗歌作品经过了书写者的修改润饰。

东汉之后，来自民间吟唱的形式更进一步文字化，音乐性降低，文字则相对更整齐、更优雅了。确立了“五言诗”典范的，是一组无名氏的代表作《古诗十九首》。我们可以借这组诗进一步理解“五言诗”这个文类的基本精神和性格。

《古诗十九首》大致可以分为两大类，第一类可以用这个作品来代表：

明月何皎皎，照我罗床帏。
忧愁不能寐，揽衣起徘徊。
客行虽云乐，不如早旋归。
出户独彷徨，愁思当告谁？
引领还入房，泪下沾裳衣。

月光皎洁地照在床上，夜里却因心中忧闷而睡不着，抓了床边放的衣服，起身徘徊。会睡不着，因为人在外地，不在家里。并不是因为外地的生活不好、不顺利，而是不在家时，快乐也不是真的快乐，总想着赶快回家。这样的忧思产生的另一层郁闷是无从诉说，能说给谁听呢？夜更深了，更冷了，只好拉起领子走回房间，忍不住泪落下，将衣服都沾湿了。

这类诗基本上是表现哀愁的，尤其是离愁。因为离开，因为远行，因为思念，所以主人公有了不能排解的哀愁，而且这种哀愁别人无法体会，对别人说了也得不到安慰，于是更感远行在外的孤寂，只能诉诸最个人但也最孤寂的形式来表达、发泄。

04

别离是《古诗十九首》的主题

《古诗十九首》中还有这样一首诗：

行行重行行，与君生别离。
相去万余里，各在天一涯。
道路阻且长，会面安可知。
胡马依北风，越鸟巢南枝。
相去日已远，衣带日已缓。
浮云蔽白日，游子不顾返。
思君令人老，岁月忽已晚。
弃捐勿复道，努力加餐饭。

开篇写道：你走了，一直走，一直走，与我别离，去了很远的地方，本来在一起的两个人，现在却各处天涯一方。虽然有道路可以联结两地，但不仅路途遥远，而且路上还有许多阻碍，完全没有把握还能再见面。

然后是矛盾的心情：一方面想，离开了家乡，在外面再怎么样都无法真正安居吧，就像北方来的马，会习惯北方吹来的风，南方飞来的鸟，筑的巢也要对着南方一样；另一方面却又担心，随着日子不断过去，原本的初衷，原来的思念，会像被浮云遮蔽的太阳一样，渐渐变淡，在外的游子大概不会再想着回来了。

最后回到现实：分离的时间越长，人就越消瘦，思念令人快速地变老，时间在虚耗中过去了，对这种状况还能怎么样呢？只好叹息一声，什么都别再说了，尽量多吃点饭，让自己不要再消瘦下去了吧。

在五言诗发展的过程中，逐渐形成了一个固定的主题，那就是围绕着别离这个主题创作的诗歌——别离引发思念，思念产生强烈的忧愁。

忧愁是五言诗中最主要的情感，而引动忧愁心绪的，除了别离和思念之外，还有另一个因素，它呈现在这样的诗中：

去者日已疏，来者日已亲。
出郭门直视，但见丘与坟。
古墓犁为田，松柏摧为薪。
白杨多悲风，萧萧愁杀人。

思还故里闾，欲归道无因。

过去的时间离我们越来越远，本来想象的未来成了现在，让人产生一种时间无情不止歇流淌而过的感慨。出了城门，眼前自然看到的，是一个个或新或旧的坟堆。古老的墓完全被遗忘了，没有人知道里面埋了什么人，于是也就不再浪费土地给这些没人关注的古人，将那样的地方重新犁为生产用的田地。本来立在坟头的松树和柏树，也都被砍下来当作柴薪使用了。

风吹过白杨树，发出引人悲凉感受的萧萧声，使人心情更加压抑，强烈地感受到时间带来的变化，于是格外想要回到久离的故乡。然而都已经离开那么久了，能找什么理由回去呢？还真找不到。

在这里，故乡不仅是故乡了，故乡代表的是过去，就像出城门所看到的古墓一样。时间逝去了就追不回来了，这只会引发更宿命也更深沉的悲凉、悲叹。

《古诗十九首》建立了一种清晰而强烈的情绪倾向，诗所表达的是哀愁，而引动哀愁的原因构成了两大主题：一是乱世浮动所带来的普遍别离情境，各种各样的或自愿或被迫的别离；另一个也与乱世有关，世间有那么多无法掌控的变化，因而让人觉得时光流逝格外残酷，也让人格外悲叹时间不可复返，只能无奈且无望地慨叹。

05

曹魏政权与五言诗的新形式

东汉之后，诗歌卷土重来，五言诗逐渐取得了主流的地位。从五言诗的声音形态往回推，我们也就能够了解在这段时间里，民间说话和唱歌的方式发生了怎样的改变。

早先北方以《诗经》为主的四言形式，南方以《楚辞》为代表加上衬字让声音错落有致的风格，后来都没落了。秦汉以后，中文产生了新的字句习惯和规律，其中一个重要因素是中文里的语助词越来越多，在运用中也越来越丰富。《诗经》中用来整齐诗句的，大部分是只有声音作用，没有任何指涉意义的语助词；《楚辞》中用来错落字句的，主要是反复出现的“兮”字。但到了汉朝以后，越来越多的语助词本身就具备文法作用或意义，大幅增加了诗句构成的灵活空间。

促使中文表达出现新形式的另一个因素是，中文越来越明确地从以“字”为单位，转变为以“词”为单位。“字”是单一的字，“词”则主要由两个字构成，有了大量的词，再用词配合原有的字，就很容易形成稳定的句子结构。五言诗相当于是最早以这种单双数配合运用而产生的表达形式，一句五个字，基本上是以“2-1-2”的形式分配，还有“2-2-1”或“2-1-1-1”等形式的灵活变化。

“胡马依北风”和“越鸟巢南枝”都是“2-1-2”的分配形式，两个词之间用一个表示动作的单字联结起来。“相去万余里”则是“2-2-1”，而“相去”这个词又是用“相”这个有自身意义的语助词加上动词“去”而形成的。“道路阻且长”和“但见丘与坟”则是“2-1-1-1”的分配，“但见”这个词也是将“但”这个有意义的语助词加在动词“见”上形成的。

在诗的发展史上，“魏”这个短短的朝代（220—265年），有着特殊的重要性。钟嵘在《诗品》里说：“曹公父子，笃好斯文。”曹魏的君主和王子，都真心喜爱文学，尤其是喜爱当时新兴的文学类型，他们在提倡和传播这些文学形式和文学作品方面，有很大的影响。

一直到汉末，诗仍然保留了强烈的民间个性，比如乐府诗。然而正是在魏这一朝，借着帝王家族的喜好和拥抱，原本有作品而无作者的这种文类，被拔举上来，吸引了众多有名有姓有地位的作者投入创作。

最显赫的作者是“三祖陈王”，“三祖”指的是魏最早的三个皇帝，包括了其实并没有正式登基的武帝曹操，另外还有文帝曹丕和明帝曹叡。“陈王”则是“陈留王”的简称，也就在历史上留下“七步成诗”典故的文学天才曹植。围绕着这“三祖陈王”，另外有“建安七子”，他们都与曹家尤其是曹丕有密切关系。

一代枭雄曹操，握有很大的权力。他是那一代最主要的军事权力的拥有者，也是战争的决策者、发动者。然而曹操写的，却是像《蒿里行》这样的诗：

关东有义士，兴兵讨群凶。
初期会盟津，乃心在咸阳。
军合力不齐，踌躇而雁行。
势利使人争，嗣还自相戕。
淮南弟称号，刻玺于北方。
铠甲生虮虱，万姓以死亡。
白骨露于野，千里无鸡鸣。
生民百遗一，念之断人肠。

这首诗在体裁上属于“乐府诗”，也就按照乐府的文类习惯，表达的不是帝王将相而是民间底层百姓的心情。这首诗描写战士穿在身上的铠甲都长出虱子来，死去的人那么多，再也分不清姓什么，反正不管你姓什么，在这种乱世中随时都可能死去。死去的人无法得到安葬，尸体暴露在原野上，大地变成一片废墟荒烟，走了很远都遇不到一户养鸡的农家，也就听不到鸡啼。能侥幸存活下来的比例，可能只有百分之一吧，想到这情景便为之断肠。

虽然曹操是个“准帝王”，但是当他写乐府诗时，他遵照乐府的文类惯例，发出小民的悲哀感叹，而不是表达他帝王式的雄心壮志。

06

陈琳的《饮马长城窟行》

与曹操的《蒿里行》类似，“建安七子”中的陈琳，也创作过乐府诗，他留下的作品中有一首《饮马长城窟行》：

饮马长城窟，水寒伤马骨，往谓长城吏，慎莫稽留太原卒。官作自有程，举筑谐汝声，男儿宁当格斗死，何能怫郁筑长城。长城何连连，连连三千里，边城多健少，内舍多寡妇。作书与内舍，便嫁莫留住，善侍新姑嫜，时时念我故夫子。报书往边地，君今出语一何鄙，身在祸难中，何为稽留他家子。生男慎莫举，生女哺用脯，君独不见长城下，死人骸骨相撑拄。结发行事君，慊慊心意关，明知边地苦，贱妾何能久自全。

骑着马到长城窟洼有积水的地方让马喝水，那里的水冷到冰进马的骨头里。作为一个男儿，宁可与敌人格斗死在战场上，实在不愿意如此抑郁不得志地在这里修筑长城。长城好长好长，为了修筑长城，这里聚集了很多正值青春的壮汉，也就意味着在这些人家中有很多独守空门的妇人。在这里不知道什么时候能回家，甚至没有太大希望能活着回去，只好近乎绝望地写信给家里的妇人，告诉她不要等了，有嫁别人的机会就嫁吧，嫁到别人家好好做媳妇伺候新公婆，只要不时怀念曾经有过的在远方的前夫就好。

妇人写了回信寄到长城边境，信中开口就骂：你胡说些什么！处境如此艰苦，祸难缠身，我干吗去别人家再生小孩呢？生了男孩根本不想养，反正养大了还是被抓去打仗或修筑长城，不是吗？你在那里，难道没有看到死了那么多人，但就连死了的人都还以骸骨彼此扶持吗？我嫁给你心意坚定，知道你在边地过得那么苦，我怎么能寻求保全自己？

这首诗比前面我们读的《十五从军征》在文学技巧上更加成熟，在一首诗中包含了好几个不同的场景，也出现了不同角色的声音。夫妻信件一来一往，一个劝对方放弃等待，一个重申等待的决心，不仅有对话，还有对内心情感复杂而幽微的表达，比如“时时念我故夫子”这句，读之令人心酸。

然而这样一首诗，它所表现的情感仍然来自乐府诗这种文类传统，而不是作者陈琳本人的情感。陈琳不会有这种经验，而且有这种经验的人，恐怕也很难进入陈琳的生活圈。陈琳有高超的文字运用能力，可以将诗要传递的经验和意念，写得更细致、更有力，然而只要他写的是乐府诗，他理所当然运用的就是五言诗的声音韵律，他展现的也是民间疾苦的主题。

07

曹操的四言诗《短歌行》

与五言诗形成对比的，是曹操的《短歌行》：

对酒当歌，人生几何？譬如朝露，去日苦多。慨当以慷，忧思难忘。何以解忧？唯有杜康。青青子衿，悠悠我心。但为君故，沉吟至今。呦呦鹿鸣，食野之苹。我有嘉宾，鼓瑟吹笙。明明如月，何时可掇？忧从中来，不可断绝。越陌度阡，枉用相存。契阔谈宴，心念旧恩。月明星稀，乌鹊南飞，绕树三匝，何枝可依？山不厌高，海不厌深。周公吐哺，天下归心。

我们可以毫不迟疑、毫无保留地说，这是中国文学史上最后一首四言诗杰作，理由是发端于《诗经》的四言诗到这个时候已经是失去了活力的旧体裁，而且显然与中国语言声音的新发展产生了隔阂。然而，曹操运用这样的旧体裁，突破历史变化的限制，有惊人的表现。

为什么曹操在五言诗兴起的时代回头写古旧的四言诗？部分理由在于，前面引用的曹操和陈琳的五言诗是乐府诗，乐府诗中固定表达的情感，与曹操的身份不符。在这个阶段，即便是才气那么高超、个性那么强烈的曹操，都找不到方法用五言诗“说自己的话”。当他要直抒胸臆时，只能诉诸原有的四言诗形式和语汇。

诗的结尾“山不厌高，海不厌深。周公吐哺，天下归心”，这才是符合曹操气概和地位的表述，他自诩要仿效周公，为了获得人才，为了处理天下事务，其他事情都是次要的。这里的典故是，周公为了迎接宾客，礼贤下士，连好好吃一顿饭的心情都没有，常常吃到一半就起身；正是凭借这样的精神，周公争取到了全天下的民心。

不过，这首诗之所以感人，并不是因为末尾四句所表达的政治野心或理想，而是前面对忧思的描述。从全诗的结构来说，曹操写的，是忧国忧民，是像周公那样对人民念兹在兹所产生的忧思。不过千古以来读这首诗、被这首诗感动的人，几乎都将前面的忧思与后面的政治信息分开，认为那份忧思之感写得太动人了，不仅可以离开诗的结论而独立存在，甚至应该被独立地欣赏理解，不受诗的政治结论影响。

在写忧思时，曹操动用了多少文学技法，却又如此天衣无缝地搭配在一起。这里有外在的行为（“对酒当歌”，“我有嘉宾，鼓瑟吹笙”），又有与外在现象相反的感受（“慨当以慷，忧思难忘”），然后有受主观心情影响而看到的自然（“月明星稀，乌鹊南飞，绕树三匝，何枝可依”），还有鲜明的比喻（“明明如月，何时可掇”），技巧极为丰富。

而总括忧思，最能在读者心中激发共鸣的，当然是诗一开头就表明了的根本因素：“对酒当歌，人生几何？譬如朝露，去日苦多。”感觉人生那么短，时间那么无情地快速逝去，面对时间，人是多么的无力且无奈！

这份忧思之感，极其深刻的铺陈表达方式，不是来自传统的四言诗，而是传承自《古诗十九首》那样的文类传统。也就是说，曹操采用了四言诗的形式，表达个人情感，同时避开五言诗的强烈民间性，以便表达帝王的心情；诗的主要部分仍然是悲凉哀思，尤其是悲叹时间一去不复返的悲凉哀思，而这个主题正是新兴五言诗情感的主流。

魏晋时期人们形成了对诗的基本认知，诗的内容是反映忧思愁苦的，而引发愁苦忧思最主要的原因，是人生无常带来的时光慨叹。

08

曹丕的七言诗和五言诗

我们再看另一种与五言诗主流形成对比的诗歌新形式，代表作是曹丕的《燕歌行》：

秋风萧瑟天气凉，草木摇落露为霜。群燕辞归雁南翔，念君客游多思肠（或为“思断肠”）。慊慊思归恋故乡，君何淹留寄他方。贱妾茕茕守空房，忧来思君不敢忘，不觉泪下沾衣裳。援琴鸣弦发清商，短歌微吟不能长。明月皎皎照我床，星汉西流夜未央。牵牛织女遥相望，尔独何辜限河梁？

曹氏父子在文学史上的地位真是特殊，父亲曹操写了最后一首四言诗杰作，儿子曹丕则创作出第一首成熟的七言诗作品。在这个时候，七言形式才刚刚萌芽，比五言更新，是站在对五言声音规则探索之上的新发展。七言诗要到南朝才真正确立了声音和意义上的表现手法，到唐朝终于可以与五言诗并驾齐驱，中唐以后更进一步在重要性和普遍性上超越了五言诗。

曹丕的这首诗用的是当时新鲜、稀奇的七言形式，但诗里传递的是什么样的信息和意念呢？开头写到，秋风吹来树木落叶，早晨本来会有的露水也结成了霜，一抬头在天空中看到的都是开始南飞的大雁。这是时间之感，一年之中那美好的生长季节，能给人鼓舞和享受的春夏已经过完了。在这样的情境中，思念去往远方的人，更加觉得难过，更加感到寂寞。

到了第四句，我们就知道这首诗是以谁的口气写的——独守空房的“贱妾”，她正在思念去了远方的“君”。思念无法止息，泪一直流，拨了琴弦却因为太难过而只能唱短短几句，看到自然的明月、星空，想到的仍然是和自己命运相同，彼此思念却不能见面的牛郎织女……

七言的形式是新的，然而曹丕装进这个新瓶里的，很明显是旧酒。甚至连诗的标题都套用乐府诗的“行”这一体裁。在七言的运用上，这首诗是开创性的，然而开创的工具，却用来表达非常传统的内容。

换一个角度，我们更清楚地看到，在这个时代，诗的文类惯性有多么强大的约束力！曹丕还有一首五言的《杂诗》：

漫漫秋夜长，烈烈北风凉。

展转不能寐，披衣起彷徨。
彷徨忽已久，白露沾我裳。
俯视清水波，仰看明月光。
天汉回西流，三五正纵横。
草虫鸣何悲，孤雁独南翔。
郁郁多悲思，绵绵思故乡。
愿飞安得翼，欲济河无梁。
向风长叹息，断绝我中肠。

前面的《燕歌行》一开头是“秋风萧瑟天气凉”，这首《杂诗》则是“漫漫秋夜长，烈烈北风凉”；《燕歌行》有一句说“明月皎皎照我床”，然后接“茕茕守空房”，这首诗则是“展转不能寐，披衣起彷徨”。再看《杂诗》中的“天汉回西流，三五正纵横”，不就是《燕歌行》中的“星汉西流夜未央”吗？至于《杂诗》里的“草虫鸣何悲，孤雁独南翔”，《燕歌行》里也有类似的“群燕辞归雁南翔”。

《杂诗》是一首杰出的五言诗，然而其成就显然不在于选择的题材和所要表达的情感，而是在声音和语言的运用方面。不论用的是七言还是五言，曹丕写的诗基本上表现的是同样的悲苦相思之情，就连用的比喻，明喻或暗喻，也都很接近。

而且，不管是七言诗还是五言诗，曹丕诗中的情感都不是诗人自己的情感。曹丕是个什么样的历史人物？他与父亲曹操很不一样，曹操从宦官养子开始，在乱世中一路奋斗，得以脱颖而出，应该会对人生有些感慨有些悲怀。曹丕则是在父亲的庇荫下成长的，他正式终结了汉朝，拥有强烈的权力敏感度和高超的权力手段，才会留下迫害弟弟曹植的故事。这样的人，我们很难以同理心想象他会因为思念故乡而“向风长叹息，断绝我中肠”。

这正是要特别强调之处——这些感慨不是他个人的，与其说是来自诗人，不如说是潜藏在诗的文类形式内部。创作者只要写诗，就自然会选择这样的题材，表达这样的情感。

09

曹植的《七哀诗》

在文学史上，曹植受到的肯定要高于曹丕，研究文学史的人一般都认定曹植的诗写得比曹丕的好。这样的评价一部分受文类题材和感情的影响，写诗就要感叹、忧伤，忧叹命运多舛，感伤时间飞逝。显然，曹植的遭遇和命运与这样的题材、这样的感情要密切得多，对读者有较强的说服力。

在“七步成诗”的事件里勉强保得性命，没有机会当上皇帝；十二岁时爱上一个二十二岁的女人，后来这个女人却嫁给了自己的哥哥，并且婚后没多久就死了；哥哥知道他爱这个女人，于是将死去的女人的枕头送给他……这样的人生经历，使得读者很容易认同曹植诗中的感慨、哀伤，认定那是真实的，能够激起强烈的同情。

由认同而欣赏，这种态度很容易让我们忽略，其实曹植和曹丕所做所写的是同一件事，那就是按照文类的习惯写诗，只不过文类习惯所设定的内容和情感，更符合曹植的形象，所以我们愿意相信他，也就比较喜欢他。

来看看曹植的《七哀诗》：

明月照高楼，流光正徘徊。
上有愁思妇，悲叹有余哀。
借问叹者谁？言是宕子妻。
君行踰十年，孤妾常独栖。
君若清路尘，妾若浊水泥。
浮沉各异势，会合何时谐？
愿为西南风，长逝入君怀。
君怀良不开，贱妾当何依！

这首诗被视为曹植的名作，历来被附加了许多延伸的解释。然而回到文本上，最明显的是诗中情感的来历，不能单纯被当作曹植个人的生命体验和感叹。“七哀”是从赋体传承下来的固定题目，也就是原本带有高度文人性的用语，被挪用在五言诗作品上，标志着来自民间的诗歌体裁进一步地文人化。然而诗句本身的文人性质，却没有真正突破五言诗已经建立的风格。“明月照高楼，流光正徘徊”，这是我们熟悉的自然描述手法；“上有愁思妇，悲叹有余哀。……君行踰十年，孤妾常独栖”，这是我们熟悉的悲苦相思的角色；“浮沉各异势，会合何时谐”，这是我们熟悉的感慨命运的主因……

这首诗最为脍炙人口的，是结尾的四句：“愿为西南风，长逝入君怀。君怀良不开，贱妾当何依。”这四句写得很细腻：期待自己能够化为从西南方吹来的暖风，飞进你的怀抱，然而我像风吹过去了，你却不肯敞开胸怀接受我，那我能去哪里，能有什么依赖呢？不就真的成了一阵风，在空荡荡的地方徘徊，飘啊飘……

回头审视这首诗，它之所以援用来自赋体的“七哀”命名这首诗，不就是因为传统文人作品形式中，铺陈哀伤愁怨情绪的“七哀”，与五言诗的文类个性最为相合吗？曹植写的，仍然是怨妇的悲哀，说的是“宕子妇”的心情，而不是自己的。他的诗与他的父亲曹操和他哥哥曹丕的诗，还有陈琳写的诗，基本上没有两样。

并不是说曹植在文学上没有特殊的成就，而是说他的成就主要不是内容上的，他的成就主要是细致的声音安排，更典雅的文字，以及更具创意的表达。

10

玄理诗和游仙诗

就文学史的脉络而言，“建安”之后是“正始”，“正始”是魏齐王曹芳的年号（240—249年），在历史上出现了“正始玄风”，谈玄的风气大为流行。清谈在贵族间蔚成风气，也就影响了文学，影响了诗。在原本的文类上，这种风气为诗歌创作加入了一些新的元素。

直接与“正始玄风”有关的是“说理诗”或“玄理诗”的出现，也就是以清谈的内容入诗。原本来自民间的五言诗被文人进一步改造了，在五言诗框架下填装这时文人最流行、最感兴趣的内容。

中国书法史上最杰出的作品之一是王羲之的《兰亭集序》，这篇文章所写的内容，源自王羲之写的一首诗，为了解释诗的来龙去脉，他特别在诗之前加了一篇“序”。后世将王羲之的字评为极品，不过王羲之的序文也是六朝时期经典的文学作品，相对而言，王羲之的诗却很少有人读，完全被冷落了。

这个现象有其原因，主要就在于王羲之写的是一首“玄理诗”。诗中的句子：

……仰视碧天际，俯瞰渌水滨；寥阒无涯观，寓目理自陈；大矣造化功，万殊莫不均；群籁虽参差，适我无非新……

抬头看青色的天空，低头俯视碧绿的河水岸，在这样宁静的自然环境影响下，就觉得好像看到了无限，知觉体会到了万物的原理——造化真是了不起，所有表面分殊歧异的背后，却潜藏着统一的秩序；虽然天然气息吹过不同的物体，产生不同的声音，但只要是能与我的生命相呼应的，都是新鲜美好的……

这是很典型的“玄理诗”，用诗来说明自然造化的道理，同时标举“自适”的态度。这样的诗，里面几乎没有任何感情的成分，纯粹是说理的，的确与之前的五言诗很不一样。

还有一种元素也新加入五言诗中，形成了“游仙诗”。“游仙”与“玄理”有着微妙的关系，二者的基本态度都是要远离世俗。“游仙”是用寻访仙人、模仿仙人的意趣回避世间浑浊。写“游仙诗”最有名的是郭璞，从他写的众多“游仙诗”中任选一首：

青溪千余仞，中有一道士。

云生梁栋间，风出窗户里。
借问此何谁，云是鬼谷子。
翘迹企颍阳，临河思洗耳。
阊阖西南来，潜波涣鳞起。
灵妃顾我笑，粲然启玉齿。
蹇修时不存，要之将谁使。

诗中描述的很像后来文人画中的景象：高高的山夹着青绿的溪流，中间有个道士，道士居住的屋子有云穿来穿去，风则从窗户进进出出。这道士是谁呢？原来就是知名的仙人鬼谷子，他生活清静，受不了尘世和权力的喧嚣，在代表大自然的河边，就产生了效法前贤以河水洗耳朵的想法。有别的仙人踏着水波从西南方来，还有仙女回头露齿微笑……

11

陶渊明诗的新精神

稍微理解了五言诗的文类状况，我们才更能准确地掌握陶渊明诗在文学史上的突破性意义。陶渊明出现时，五言诗还没有完全摆脱乐府和民歌的影响，有着固定的声音安排方式，它承载的内容有新有旧。旧的是感慨、哀思，悲伤因流离战乱而远离故乡的人，或悲伤不可逆的时间之逝。新的内容则是从“正始”年间流行起来的“谈玄”或“游仙”的内容。这就是当时人所认定的诗的模样。

陶渊明写的是什么样的诗呢？看看他的《拟挽歌辞（其一）》：

有生必有死，早终非命促。
昨暮同为人，今旦在鬼录。

魂气散何之？枯形寄空木。
娇儿索父啼，良友抚我哭。
得失不复知，是非安能觉？
千秋万岁后，谁知荣与辱！
但恨在世时，饮酒不得足。

这首诗光是在题目的设定上就很特别，这是一首“自挽之诗”，也就是想象自己死了，先给自己写好哀悼的内容。“自挽”的做法，意味着主动思考死亡，这种态度就带有一分豁达。按照五言诗原本的文类惯习，我们预期这种思考死亡的题材，自然会突显人生苦短、去日苦多的感慨。

但陶渊明就不是这样写的。他起笔就说：人生来必有死，死去有各种原因，死得早不见得是命运短促的结果。昨天晚上还和大家一起为人的，今天早上就变成了鬼，生死的界限如此幽微，而且生死的变化总是如此突然。让我成为人的那副魂灵散了之后到哪里去了呢？只剩下躺在棺木中枯槁的形体。年幼的孩子哭着要爸爸，好朋友则抚着我的尸体哭，死都死了，不会知道得失，也同样不能察觉是非了吧？时间总会过去，过得够久了，生前在意的所有荣与辱，也就一并消失，没有人知道，也没有任何意义了。如果说死去有什么遗憾，那应该就是活着的时候酒喝得不够多，没有真正喝够！

陶渊明先将时间拉到死亡之后，死后什么都不知道了，自己不可能再计较什么。然后再拉大时间的尺度，“千秋万岁”之后，今天存在的一切不仅都消失了，而且都被遗忘了，还有什么好在意的，又要如何在意呢？当然全诗最精彩的是最后两句神来之笔。以如此绝对的时间尺度思考，相对性的荣辱都无从计较了，死亡也就不该有任何遗憾。而从当下去设想死亡，能想到的唯一牵挂是：啊，死了就不能喝酒了！不管活得长或活得短，不能再喝酒这件事想起来就让人难过啊！

这样的思路，这样的精神，乃至这样的幽默感，都不曾出现在过去的五言诗中。陶渊明简直是横空出生，没有来由！勉强要替他找来由，顶多只能追溯到嵇康，有类似的面对生死的豁达。

嵇康创作过五言的《酒会诗》，他还创作过《四言诗十一首》，其中写道：

> 淡淡流水，沦胥而逝；凡凡柏舟，载浮载滞。
> 微啸清风，鼓楫容裔。放棹投竿，优游卒岁。

与曹操的《短歌行》一样，嵇康为了表达切身的感受，选择了四言的形式，也顺着四言体裁而使用了《诗经》的古典句型。淡淡的流水持续流过，水上有漂浮着的时动时不动的木头船，船上的人吹着清风，放着钓竿，自在地度过悠悠时光。

这样的诗没有深意，也没有太多韵味，难得的只是那份安适自在的态度，人与自然，人与时光泰然相处，毫不勉强，这样的态度最接近陶渊明以五言诗所创造、所表达的内涵。

陶渊明作品的关键价值，就在于他进入了《古诗十九首》所代表的五言诗形式内部，充分掌握了这种形式传统的所有优点，却赋予五言诗完全不一样的甚至是与传统相反的精神。

12

承袭五言诗的形式，革新五言诗的内容

凡是读过诗的人，应该没有人没读过陶渊明这首《归园田居（其三）》：

种豆南山下，草盛豆苗稀。
晨兴理荒秽，带月荷锄归。
道狭草木长，夕露沾我衣；
衣沾不足惜，但使愿无违！

还有标题相同的另一首《归园田居（其二）》：

野外罕人事，穷巷寡轮鞅。

白日掩荆扉，虚室绝尘想。
时复墟里人，披草共来往。
相见无杂言，但道桑麻长。
桑麻日已长，我土日已广。
常恐霜霰至，零落同草莽。

前面一首先描写极平常的农事，在田里劳动到月亮出来了才扛着锄头回家休息，接着细腻地展现了回家路上的一个小体验：走在狭窄的道路上，路两边有长得茂盛的植物，要走过去就必然要与草或枝叶擦身，于是草或枝叶上的夕露就沾到了衣服上……

夕露沾上衣服不会是坏事，这情景让人感觉自己与自然如此亲近，也引发期待的联想，希望刚刚辛苦耕种的豆田，也能像路旁的草木一样繁盛生长，那么辛苦就没有白费，劳动中必然怀有的丰收愿望也就能够达成了。

第二首则描述了安静、孤独的环境。没有人更没有车马会经过的地方，即使是白天都如此空静，门虚掩着，一个人喝着酒，世俗的念头也就无从侵扰了。偶尔会遇到人，遇到的都是很纯朴的乡下种田人，交谈中没有什么客套，也没有什么空话，讲的都是你们家的作物长得好不好之类的。随着时间、季节推移，作物持续生长，开垦的土地越来越广，唯一忧虑的是，一旦秋天到了，霜降下来，大自然才不管你花多少力气照顾这些作物，将一视同仁地让作物和草莽一并凋零……

陶渊明的诗在文字风格上，承袭了原来的五言诗，带有清朗的浅白性质，“有生必有死，早终非命促”，这是大白话；“荒草何茫茫，白杨亦萧萧”（《拟挽歌辞》），这是简单的叠字手法。这种风格不是陶渊明发明的，明显套用了五言诗的既有浅近表达方式。这种风格与后来逐渐抛弃民间浅白写法，让诗变得华丽繁复的南朝文人写法，比如收在《玉台新咏》里的那些诗，很不一样。

然而，陶渊明承袭套用的这些文辞，却表达了很不一样的生命情调。陶渊明不是文体上的创新家，而是不折不扣的内容创新者。他如何开拓出内容上的新意呢？很大程度上凭借的是新颖的诗句先后顺序安排，尤其讲究诗的结构转承，还有结尾处的余韵。

这当然不单纯是文学技法，也不单纯来自陶渊明的文学才气。在他之前写五言诗的人，比如曹丕、曹植，他们也都有很高的才气，然而他们写的五言诗与陶渊明不在一个等级上，关键的差异应该还是内在生命的感受。要有真实、强大且敏锐的生命感受，才能够像陶渊明那样突破文类习惯所形成的网罗，写出全新的作品来。

13

陶渊明的自然观

陶渊明写出了什么样的新内容呢？首先是他的诗中带有一种“闲适”“自在”的情趣。“闲适”“自在”在六朝不是新鲜事，六朝大为流行的《庄子》一书就教导人活着最好的方式是让自我与环境以轻松、舒适、不勉强的姿态相处。魏晋以降，名士们对“闲适”“自在”说了好多，但基本上都是落在道理上。在行为上，名士表现的却是刻意反抗既有规范，形成了一种惊世骇俗的反传统风格。

陶渊明在诗中写出了“闲适”“自在”的体验和感受，而且是用那样简白素朴的语言，让读者容易被说服，相信必须真有那样“闲适”“自在”的生活，才写得出这样的诗。因此，读者也就被诗中的情境和心境感染，生发出对“闲适”“自在”的体会和向往。

陶渊明的《饮酒（其五）》为什么那么有名呢？看看这首诗：

结庐在人境，而无车马喧。
问君何能尔，心远地自偏。
采菊东篱下，悠然见南山。
山气日夕佳，飞鸟相与还。
此中有真意，欲辩已忘言。

“此中有真意，欲辩已忘言”，诗的结尾点出了吊诡的意念：“真意”是不能用“辩”的。而“辩”，也就是雄辩滔滔地讲道理，正是六朝自“清谈”风气流传以来最兴盛的习惯。诗要说、要传递的，是道理无法企及的感受，是找不到说理的语言能表达的，让人从有形的文字读到背后无法直接由文字述说的经验和体会，这是陶渊明作品的神奇的突破之处。

陶渊明的诗在表现“自然”上开辟了一条新路。“自然”有双重意义，既指由各种动物、植物、地理样貌构成的“大自然”，同时也指不受人工作用影响，管辖“大自然”的“自然而然”的道理。“闲适”就是不勉强、不造作，顺其自然，抱着这种心态对待生活，于是能享有一分恬静，一种不惊心、不激动的自在。

陶渊明善于用“大自然”的现象营造顺其自然、自然而然的态度，巧妙地将这两层“自然”的意义结合在一起。也就是说，我们可以，我们也应该虚怀若谷地与“大自然”相处，领受“大自然”自然而然的变化，培养出顺其自然、闲适自在的性格。

这种自然观念就与“正始玄学”的风格形成了强烈的对比。陶渊明的《饮酒（其七）》写道：

秋菊有佳色，裛露掇其英。
泛此忘忧物，远我遗世情。
一觞虽独尽，杯尽壶自倾。
日入群动息，归鸟趋林鸣。
啸傲东轩下，聊复得此生。

陶渊明只讲秋天的菊花，真诚、敏锐地感受秋菊本身的美而暂时离开了世俗的烦忧计较。这是与自然之美相遇而产生的瞬间反应：心情被改变了，本来是一个人独自喝酒，在如此美感的映衬下，日落时分的自然动静，突然都成了生活中的有机部分，与人相伴。

那些在清谈中也爱说“自然”的名士们，相对而言，他们自身存在激烈的矛盾。他们的态度一点都不“自然”，他们在清谈中讲究种种化妆、衣着、仪容、道具、规矩、程序，怎么可能闲适自在呢？在名士们那里，“自然”是最不自然的话题，而且以最不自然的形式在谈论。

14

田园诗传统的深远影响

陶渊明是陶侃的后代，陶侃活跃的地区是长江中上游，这也就意味着陶渊明不属于江南的世家贵胄。他没有沾染世家名士的风气，在他四十岁左右辞去彭泽令之后，他更是有意识地与那样的生活完全隔离。他选择了亲自下地耕种，亲近土地的农业生活，因此得以创造出特殊的“田园趣味”。

“田园”一方面是一种生产形式，一种与生产劳动相关的生活，另一方面是感官、感觉的模式和价值，而且后者更为重要。人在田园生活中与大自然的生息荣枯变化密切相处，于是大自然的韵律会通过各种躲都躲不掉的方式包围、熏染人，使得人的感官、感觉格外敏锐。身处田园的人，也必然从自然秩序和潜藏之美中受到许多感动。

那个时代的人很在意人如何追求“适性”，但都是用讨论的、思辨的方式。陶渊明用诗展现了另一种更有力、更迷人的可能性。与其不断讨论《庄子》所形容的“至人”，不如单纯地将自己放置在田园的生产生活中，观察桑麻的成长，每天走在路上感受草叶上的夕露沾到身上的感觉。这样的经验比任何说理雄辩更具实质的生命冲击力和影响力。

陶渊明的诗改变了中国五言诗的发展方向。他的诗使得原本正在崛起和试验中的“玄理诗”“游仙诗”失去了动能。“玄理诗”千方百计铺陈道理，对“自然”说得再多，一旦遇到陶渊明如此直接传递自然感受的作品，当然相形见绌，失去了继续存在和流传的价值。“游仙诗”也是一样，住在山谷风里云里的仙人，与陶渊明所描述的具体生活感受相比，一来显得如此虚假造作，二来难免启人“与我何干”的根本质疑。

陶渊明之后，“玄理诗”没有人读，没有人写了，“游仙诗”也没有人读，没有人写了。至于原本存在的感叹、悲怀的古诗风格，在陶渊明之后，仍然继续存在。不过陶渊明有效地启发了后世写诗的人，让他们知道诗不只能感伤、咏怀，诗还可以豁达。

魏晋南北朝重视自然适性，然而真正的“豁达”在那个时代还很罕见。直到唐朝，尤其盛唐的一段时期，“豁达”才成了时代的主题，李白就是这种风格最重要的继承者和开新者。

我们读李白的诗，不见得会直接联想到陶渊明，然而将五言诗如此整理后，我们就能清楚地看出，如果没有陶渊明的突破，就不可能产生盛唐时期像李白那种特殊的旷达、豁达的诗。在这样的历史演进中，陶渊明绝对有着无可取代的地位和价值。

[清]华岩《金谷园图》

第七讲

重新认识六朝骈文

01

读懂六朝文章，先从唐宋古文运动说起

中国文学史上，有大名鼎鼎的“唐宋八大家”，以韩愈为首，还有同在唐朝的柳宗元，加上北宋的欧阳修和“三苏”（苏洵、苏轼、苏辙），以及曾巩、王安石。这八个人的作品有什么特殊的独到之处呢？最重要的特征是，他们写的都是“古文”。

“唐宋八大家”以韩愈为首，就是因为他大张旗鼓发动了“古文运动”，顾名思义，那是主张不按照当时流行的方式写文章，明确地反对“今文”，提倡取法古人文章的精神和风格。韩愈强烈反对的“今文”，主要就是“骈文”，又叫“四六文”。

我们今天要欣赏“唐宋八大家”的文章，要理解“古文运动”，不能不弄清楚他们为什么那么反对骈文。于是，更进一步，我们也不能不认真地探问一下：骈文究竟是什么？在历史上骈文是如何形成，又如何演变的？经过古文运动的攻击之后，骈文没落、消失了吗？

我们先从最后一个问题开始回答。距离韩愈的时代超过一千年，比我们的时代只早了一百年，有另一场重要的文学革命，那就是“新文化运动”中的一个核心事件——“白话文运动”。参与白话文运动的主要旗手之一是胡适，而这场运动有一篇重要的宣言，就是1918年胡适写的《建设的文学革命论》（载于1918年4月《新青年》第4卷第4号）。在这篇文章中，胡适纲举目张地提出了“八不主义”，列举出新文学应该避免、应该反对的八种写法。

“八不主义”的第五项，赫然是“不重对偶：文须废骈，诗须废律”。这说明直到20世纪初，“骈”都还在文学革命的反对之列，很显然这样的文学写法，在古文运动之后又延续了一千多年，根本就没有被古文运动打倒。

其实，胡适“八不主义”的第三项“不用典”，也与骈文有很密切的关系。骈文又称“四六文”，就是因为文中的句子单位，几乎毫无例外都是四字一句或六字一句，如果有两个四字句子或两个六字句子接连出现，就必须用对偶，前句如果是两个字的动词，后句在同样的位置就也必须是两个字的动词。

对偶的写法，尤其是只能运用四六字短句，必然大大限制文章的表达。于是要写稍微复杂一点的叙述或经验，通常就要动用典故。典故也就是一种缩写的形式，把一件事用三两个字来代替，而有经验有能力的读者，读了这三两个字就能自行还原事件性质，于是文章能传递的信息就变得丰富了。

有意思的是，在白话文运动中与胡适并肩作战的陈独秀，也写了一篇重要的宣言《文学革命论》，陈独秀在这篇文章中将自己的主张总结为三句话：“推倒雕琢的阿谀的贵族文学，建设平易的抒情的国民文学；推倒陈腐的铺张的古典文学，建设新鲜的立诚的写实文学；推倒迂晦的艰涩的山林文学，建设明了的通俗的社会文学。”陈独秀的这三句话，不仅不像胡适的文章那么直白，而且三句话都是用对偶的方式写的。

动词“推倒”与动词“建设”对偶；形容词“雕琢的阿谀的”先是与“平易的抒情的”对偶，同时又与“陈腐的铺张的”和“迂晦的艰涩的”对偶；名词“贵族文学”先是与“国民文学”对偶，同时又与“古典文学”和“山林文学”对偶。骈俪的文字风格影响多大，流传多久，由此可见！

02

死而不僵的骈文

从胡适、陈独秀的年代到今天，又过了差不多一百年，这一百年里中国文学最大的改变，便是文言文的没落、消失。现在的年轻学子受教育过程中没读过几篇文言文，几乎没有真正养成阅读文言文的能力，平常连文言文也几乎要看不到了，那么我们是不是可以很肯定地说：文言文尚且如此，骈文更应该是彻底死透了吧？

还不能说得那么快，那么肯定。至少在台湾地区，还有一个人们不得已偶尔需要进出的地方会遇到骈文，那就是殡仪馆。殡仪馆直到今天还有挽联，挽联一定是骈俪对偶的文字。殡仪馆里现成的挽联，甚至已经不是用毛笔写的了，而是直接用标准楷体字印出来，有些更“进步”的地方，还用“电子挽联”，挽联不印在白纸上，而是显示在液晶屏幕上。

殡仪馆里传统的告别式，到现在还有“宣读祭文”这一仪式。和挽联一样，祭文也是现成的，千篇一律的，而且祭文一般也都是用骈体写成的。这么看起来，韩愈主张使用的“古文”，以及涵括“古文”在内的文言文，今天差不多都退场了，偏偏从唐朝开始被严厉批评、被嫌弃的骈文，竟然死而不僵，继续占领着现代生活的小小角落，反而成了文言文的最后据点。

为什么会这样？最简单的解释是，骈文有用。骈文最常出现在应用文里。胡适拟“八不主义”时，脑中应该浮现出生活中遭遇的许多骈文。洪宪帝制成立，袁世凯即位的宣告是用骈体写的；北洋军阀彼此通电互责乃至宣战，都要有檄文，都是用四六文体写成的。在胡适等人的眼里，这真是最讨人厌的东西；中国的文字如果要能对一般大众有意义，能够尽到社会启蒙的责任，当然首先就要取消装模作样的骈文。

我手上有一本台湾张仁青教授编选的《历代骈文选》，是早在1963年出版的老书。打开目录页看一下，第一篇是刘琨的《劝进表》；接着选了三篇颜延之的作品，分别是《祭屈原文》、《三月三日曲水诗序》和《陶征士诔》。就让我们用这几篇文章大致了解一下骈文。

首先，这四篇都是应用文。第一篇是劝晋元帝司马睿即位的文章；第二篇是祭文，在汨罗江边献祭给屈原的；第四篇则是为了给陶渊明一个正式的谥号，说明为何要以“靖节先生”来尊称刚去世的陶渊明。

乍看之下不像应用文的是第三篇，按照标题好像是为诗所写的序文，实际上不是。三月三日是“上巳节”，人们习惯上要聚会饮觞，也就是喝酒，同时要为国家祈福。这篇文章就是要应用在这个场合，歌颂国家兴盛，赞美国家强大的。

刘琨《劝进表》赏析

以刘琨的《劝进表》为例子，我们好好认识一下什么是骈文。文章开头第一段是：

建兴五年三月癸未朔十八日辛丑，使持节散骑常侍都督河北并冀幽三州诸军事、领护军匈奴中郎将、司空、并州刺史、广武侯臣琨，使持节侍中都督冀州诸军事、抚军大将军、冀州刺史、左贤王、渤海公臣磾，顿首死罪，上书。

很长的一段文字，然而并没有什么内容，只是将联名上书的两个人——刘琨和段匹磾的正式头衔详细地罗列出来，加上这种文章形式上的礼貌用语“顿首死罪”，如此而已。建兴五年是公元

317年，是这篇文章写作的时间。

接着第二段写道：

臣琨臣碑，顿首顿首，死罪死罪。臣闻天生蒸人，树之以君，所以对越天地，司牧黎元。圣帝明王鉴其若此，知天地不可以乏飨，故屈其身以奉之；知黎元不可以无主，故不得已而临之。社稷时难，则戚藩定其倾；郊庙或替，则宗哲纂其祀。所以弘振遐风，式固万世，三五以降，靡不由之。

文章重复了“顿首”“死罪”之后才展开正文，说上天生了一般人，便要为他们立一个领导人，对应天地的意志，管理无知的人民。从这里就开始有“四六”的基本句法，“臣闻天生蒸人”，上句六个字，“树之以君”，下句四个字；然后“所以对越天地，司牧黎元”也是上句六个字，下句四个字。

然后从原来的“天地”和“黎元”衍生出两个对偶的句子：“知天地不可以乏飨”对“知黎元不可以无主”，“乏飨”对“无主”，这是上句对上句；然后对称的又有下句对下句，“故屈其身以奉之”对“故不得已而临之”，“屈其身”对“不得已”，还有“以奉之”对“而临之”。文章说的意思是，因为要有人祭祀天地，要有人领导广大的人民，所以了不起的君王不得不勉强自己承担起责任来。国家有动乱时，亲族或左右的力量要努力予以扶持，如果有皇帝去世了，那就得从世系子孙中找人予以继承，弘扬祖先的功业，确立万世的楷模。“三五”指的是“三皇五帝”，是一个缩写的典故，文章用这个典故的意思是，从“三皇五帝”以降，所有皇帝都是遵循这样的规范。

再接着第三段写道：

臣琨臣磾，顿首顿首，死罪死罪。伏惟高祖宣皇帝肇基景命，世祖武皇帝遂造区夏，三叶重光，四圣继轨，惠泽侔于有虞，卜年过于周氏。

仍然重复以“顿首顿首，死罪死罪”开头，然后叙述晋朝的来历。高祖宣皇帝依凭天命奠定了基础，接着是世祖武皇帝统一了华夏地区，再有连续三个皇帝将王朝发扬光大，传到第四个皇帝。这时候晋朝情势一片大好，人民的情况可以媲美虞舜统治时期，预计朝代延续的时间可以超过周的八百年！然而——

自元康以来，艰祸繁兴，永嘉之际，氛厉弥昏，宸极失御，登遐丑裔，国家之危，有若缀旒。

此处语意一转：从元康之后，就开始出现各种祸难，到了永嘉年间，状况更加恶化。晋怀帝（307—311年在位）之时，洛阳被刘聪攻陷，天子被俘，无法继续驾驭天下，进而在“丑裔”——次等血统的人——手中丧失了生命。这时候国家如此危险，好像穿着线挂在用来装饰皇冕的“旒”上的珠子，随时可能断掉失落。不过——

赖先后之德，宗庙之灵，皇帝嗣建，旧物克甄，诞授钦明，服膺聪哲，玉质幼彰，金声夙振，冢宰摄其纲，百辟辅其治，四海想中兴之美，群生怀来苏之望。

此处语意再一转：还好祖先保佑，太后扶立了晋愍帝，晋又有了皇帝，恢复了旧秩序。新的皇帝有种种优点，上天赐给他智慧聪明、美好质地，年幼的时候就表现得很明显。皇帝旁边的大小官员都努力协助，于是四海有了中兴的希望，老百姓像是从昏迷中苏醒了过来。但是——

不图天不悔祸，大灾荐臻，国未忘难，寇害寻兴。逆胡刘曜，纵逸西都，敢肆犬羊，凌虐天邑。臣等奉表使还，仍承西朝，以去年十一月不守，主上幽劫，复沈虏庭，神器流离，再辱荒逆。臣每览史籍，观之前载，厄运之极，古今未有，苟在食土之毛，含气之类，莫不叩心绝气，行号巷哭。况臣等荷宠三世，位厕鼎司，承问震惶，精爽飞越，且悲且惋，五情无主，举哀朔垂，上下泣血。

此处很快地又一转：没想到上天竟然又降下连续的灾难，前一个还没走，后一个就又来了。刘曜为害，带兵侵入西都长安，放肆他那些如同犬羊般的暴民，在长安胡作非为。我们这些为臣下的虽然尽力想守住长安，但长安毕竟还是在去年十一月沦陷了，晋愍帝也被掳走了，国家再度陷入没有皇帝至高权力的状态。从史书上看到过去各朝的经历，从来没有记录过像我们遭遇的如此可怕的厄运。有生命、有感觉的人，都因心痛而简直无法呼吸，大街小巷到处都听得见哭号之声。一般人都如此，何况是我们这些服务了三代皇帝，承受许多恩宠，并且在朝廷有官职的人。我们遇到这样的事，整个人的精神都要散架了，有最深的悲哀和惋惜，六神无主。

04

刘琨《劝进表》赏析（续）

《劝进表》第四段再度以“顿首顿首，死罪死罪”开始：

臣琨臣磾，顿首顿首，死罪死罪。臣闻昏明迭用，否泰相济，天命未改，历数有归，或多难以固邦国，或殷忧以启圣明。齐有无知之祸，而小白为五伯之长；晋有骊姬之难，而重耳主诸侯之盟。

自然的道理是黑夜之后有白天，黑暗和光明轮流递变，因而厄运灾祸也会变为顺利的好运。我们晋朝承受的天命并未更改，历数到现在仍然归于司马家。在历史上，有的时候多灾多难的考验反而使得邦国更加稳固，有的时候忧患反而得以启发更大的智慧。

这里先用对偶的句子“或多难以固邦国，或殷忧以启圣明”呈示道理，再举历史上的例证，也就是“用典”。此处引用的是春秋五霸中的齐桓公和晋文公的故事，这两个后来有了显赫功业的历史人物，都经历过因兄弟相争而出亡的危难。

社稷靡安，必将有以扶其危；黔首几绝，必将有以继其绪。伏惟陛下，玄德通于神明，圣姿合于两仪，应命代之期，绍千载之运。夫符瑞之表，天人有征，中兴之兆，图谶垂典。

国家不安到极点时，一定会出现转危为安的力量；百姓看来即将灭绝时，总是会有办法可以延续的。而现在晋朝正处于命运最低谷的时刻，正该出现翻转的时机了，从各方面看，陛下就正符合那消长变化的条件。陛下潜藏的素质与神明相通，表现在外的姿仪阴阳平衡，遇上了特殊的时机，继承了千年的运势，不管是自然还是人世间都出现了各种预兆，标志着晋朝中兴有望。

自京畿陨丧，九服崩离，天下嚣然无所归怀，虽有夏之遘夷羿，宗姬之离犬戎，蔑以过之。陛下抚宁江左，奄有旧吴，柔服以德，伐叛以刑，抗明威以摄不类，杖大顺以肃宇内。纯化既敷，则率土宅心；义风既畅，则遐方企踵。百揆时叙于上，四门穆穆于下。

自从长安（洛阳沦陷后晋定都于长安）沦陷之后，整个帝国架构瓦解了，一片混乱，无法安定。这种状况比夏朝和西周末年遭遇的灾祸有过之而无不及。幸好有陛下你在南方稳定局面，控制住原先吴国的疆域，对服顺的怀柔以待，对叛变的就动用刑罚，以威望收摄不规矩的，整顿了四方。你成功地让人民归心，远方的人都垫着脚尖期盼着你。如此重新建立统治，百官与诸侯都再度上了轨道。

昔少康之隆，夏训以为美谈；宣王之兴，周诗以为休咏。况茂勋格于皇天，清辉光于四海，苍生颙然，莫不欣戴。声教所加，愿为臣妾者哉……

此处再度运用典故，夏朝有“少康中兴”，西周有“宣王中兴”，都让原本衰颓的朝代得以重振声威，在历史上有许多赞美他们的文辞。你的功业上比皇天，你的声誉散布四海，每个文明所及之地的人民都乐于接受你的统治……

05

汉语音调的变革

仔细阅读这样的文字，我们很容易领会骈文的特质。首先，这篇文章是应用文，为了特定目的，甚至是特定仪式所需而写的。文字遵循一定的格式，而且不断夸饰铺陈，动用的都是现成的套语或典故，以至于读者觉得文章里要表达的，不是作者的真心真意。

也就是说，骈文违背了我们一般对文学作品的基本要求，然而这正是骈文之所以成立、之所以存在的理由。骈文的重点在于文字的堆砌和铺排，产生集体仪式所需的效力。像《劝进表》这样的文章，它所需要的，就是尽量抬高“劝进”对象的成就和地位，符合当下非常时期不按原本继承规则，拥立一位新皇帝登基的需要。非常情境，自然需要文字来显示这即将登基的皇帝人选果然是非比寻常的。

骈文没有什么个人发挥的空间，主要不是用来表达个人经验和感受的，而是针对特定场合，按照既有规则造作出来的文字。在这样一篇劝进文写作之前，已经先有了“劝进”场合所需文章的格式，骈文作者需要做的，是按照格式将适当的字句填进去，不需要个人创意，也不能有个人创意。

也就是说，这种应用文的格式比内容更重要，是格式先行的文体。因此，我们要从历史的角度理解、评价骈文，我们的对象就不是个别的作者或作品，而是文体，尤其是文体格式。

从文体格式的角度看，骈文是中古时期出现的重要的文字设计实验。参与其中的六朝贵族，尤其是南朝文人，有意识地针对中国文字的特性，发展出特殊的文字设计方向。中国文字是“单字／单音”的，每个字都只有一个单一声音，这是很早就确立下来不会改变的。在这个时期，针对中国文字这样的特性，而出现了“对仗”和“协韵”的设计。

“对仗”和“协韵”的运用早就存在，比如《古诗十九首》中的“青青河畔草，郁郁园中柳”，在文义上是对仗的，而且也用到了叠字产生的声音效果。不过到了六朝，当骈文的形式固定下来之后，文人有意识地寻找并建立“对仗”与“协韵”的规律，开发过去光凭直觉不可能达到的严谨程度和众多可能性。

后世对声韵的理解，比如一直使用到今天的“四声”划分——平、上、去、入，主要都是在六朝时形成的。六朝之前，中国特殊的“文、言分离”状况下，文字不是表音符号，很明显地使得中文的语音系统相对不发达。一直到南朝沈约、周颙之前，中国文字究竟应该发什么样的声，始终浮动不定。最常用的办法是从音乐中借来的“宫、商、角、徵、羽，五声音阶”，然而语言的音调与音乐的音调，有很大的差距，很难真正配合得上。

到了南朝，借助印度语言传入带来的影响，中国才发展出更精确的标音工具。由巴利文或梵文这种印欧语言写成的佛经进入中国，刚开始并没有太多声音上的问题，因为在“格义”阶段，基本上是套用中国既有的语词来翻译佛经。不过“格义”方式能传达的佛教概念很有限，到后来就开始采用直接音译专有名词的做法。如此一来，翻译者就必然碰到多音语言如何对应中文的问题，还必然在外来语言的刺激下省视中国自身的语音系统。

佛经翻译进入了新的阶段，有更多的专门研究者出现，也有寺院组织推动佛经的解释和推广。

另外，佛教的传扬不仅包括对佛经的认识，而且还有像“梵唱”这样的信仰仪式。佛教相信诵经可以积累功德，而所诵的经文，并不是纯粹中文的。都用中文的文本，相对而言，没法产生诵经仪式中所需要的那种流动音乐性。因而“梵唱”唱的，往往是介于梵文与中文之间的特别声音，大量保留了像“南无阿弥陀佛”这样模仿多音节语汇的声音。梵文的 Amitaba 成了中文的“阿弥陀佛”，那声音既非梵文，也非传统的中文。

接触了另一种完全不同的语言系统，而那个系统中语言与文字之间完全不一样的关系，促使六朝时期的中国人重新省视自身的语、文关系，尤其是多音节语言的特性，刺激了对既有语言的强烈的声音意识。

陈寅恪早年写过一篇论文，题为《四声三问》，考据“四声”的来历。依据他的整理，原本中国语言中最清楚的声音，是“入声”，因为是短促向下的，最容易辨识，也最早有了标示的方法。至于另外三声，“平、上、去”则是援用印度传来的《声明论》。将转读佛经的声调，应用在中文上，这种方式使得“四声”系统盛行。特别值得一提的是南齐武帝永明七年（489 年）二月二十，当时的竟陵王萧子良聚集了大批僧侣，“造经呗新声”，有意识地创造诵念佛经的新音调，在确立文字读音上是历史性的大事件，从此确立了“四声”，而周颙、沈约就是开创新的“四声”理论和规则的代表人物。

“四声”确立后又经过了一些重要的变化，从早期的“四声”到现代汉语的“四声”，最大的变化发生在入声字上，北方语言中入声越来越不明显，到后来与去声混同了。不过发声的主流仍然维持“四声”，取消了入声，却将平声一分为二，有“阴平”和“阳平”的区分，也就是大陆所说的“普通话”和台湾地区所说的“国语”里的一声、二声。

“四声”在六朝形成了，原本从音乐中挪用过来的“五声”相应就不再使用了。

06

骈文对音调有专门的要求

有了“四声”之后，骈文除了词性、文义的对仗之外，多了音调变化上的格式要求。前面提到的“四声”理论的代表人物沈约，本身是一个骈文大家，也是《宋书》的编撰者。在《宋书·谢灵运传》中，沈约写了一段文字，总结谢灵运的文学成就，其中专门强调了音调：

夫五色相宣，八音协畅，由乎玄黄律吕，各适物宜。欲使宫羽相变，低昂互节，若前有浮声，则后须切响。一简之内，音韵尽殊；两句之中，轻重悉异。妙达此旨，始可言文。

要有资格写文章、谈论文章，非得先讲究音调不可。声音的高低起伏必须刻意地错落变化。前面出现了往上扬的声音，后面就要用有明确短促发音的字予以平衡。“若前有浮声，则后须切响”，这句子本身就是示范。“浮声”两字是平声，也就是向上的；相对应“切响”两个字则是往下沉的，尤其“切”字发音短促，和前面“浮声”明确形成对比。

这里呈现了一种音调上的追求和理想。一篇文章应该包含各种不同的音调，要敏锐地分辨声音的轻重，悉心分配。

“四声”建立之后，人们逐渐将中文每个字相应的音调固定下来，也就是每个字都有了特定的音调性质，才有了进一步讲究音调安排的可能。这就开放了一场广阔的文学试验，开启了人们从六朝以降，探询种种不同音调规则的可能性。

骈文创作的重点，不在于写什么内容，而在于如何学会使用对仗和协韵的架构，然后有效地按照规则找到正确的字填进去，四字六字互相搭配，前面的句子决定了后面句子的写法，如果前面是主词加动词加两个字受词的四字句子，那么后面也得是主词加动词加两个字受词的四字句子。基本上，如果前面句子的声音是轻轻重重（后来在诗词上的专有名词是“平平仄仄”），那么后面句子的声音就该是重重轻轻（“仄仄平平”）。

骈文中经常使用冷僻的字词或典故，然而在阅读上却并没有想象中那么困难，因为读者很容易利用这样的对仗规律推测出文义来。比如前引《劝进表》中有“冢宰摄其纲，百辟辅其治”这样的句子。阅读中，我们知道“冢宰”的意思，那么就算第一次看到“百辟”这个词，一点都不担心，因为立刻就能借由它与“冢宰”的对仗关系，明白“百辟”必定也是指朝廷官员。再看“冢宰”后面是“摄其纲”，提纲挈领，而“百辟”则是“辅其治”，也就知道“百辟”的位阶比“冢宰”低。

文章都是这样两句两句并列而成，所以这种文体被称为“骈俪”，像是拉车的马总是两两并排一样，如此一来，骈文得以产生两个效果。第一个是，作为直接的识字教育工具，每篇骈文都是字词在文义和声音运用上的范本，可以帮助读者像我们通过类推认识“百辟”那样认识更多的词，扩充词汇量。第二个是，骈文必然是烦琐冗长的，在骈文里没有单独存在的句子，每个意思都要按照并排的规则至少讲两次，很多时候还为了表现创作者的才华，再多铺陈讲四次、六次。

这样的文章很难让人感动。说了“多难以固邦国”，一定要再说“殷忧以启圣明”；前面举例说“少康之隆，夏训以为美谈”，后面一定要再加“宣王之兴，周诗以为休咏”，等等。

骈文必然是堆砌的，这样的风格与文章中要进行的对仗、协韵试验直接联系在一起。而在骈文流行的过程中，创作者一方面将文字的“四声”音调固定，另一方面逐渐将许多字词的意义固定下来。对仗意味着两两配对，不管是同义或反义的形式，让字词互相牵制，彼此定义其内涵。

中文字的意义保存得很久远、很稳定，有一部分是骈文的功劳。骈文利用对仗的形式，将字词放置在一个复杂的相互关联的网络里，字词间的对仗结构使得字词意义没有太大的自由变化空间。

07

萧统编撰的《文选》对文章性质的界定

骈文中一般都大量使用典故。“用典”是内外双重因素造成的。内在因素是骈文的“四六”精简句法，迫使许多内容必须精炼、浓缩后才放得进来。短句构成的文章没有详细描述、充分发挥的空间，于是只能简写其代表性的梗概，需要读者凭借自身的阅读能力予以放大、还原。

“齐有无知之祸，而小白为五伯之长”，这句话说的是齐桓公一度从齐出亡，然后又回到齐即位为王，进一步在周天子权力式微的情况下，建立了实质领导诸侯，解决诸侯纷争的“霸主”制度的故事。要说这样一个完整的故事，至少要花费两三百字，而骈文没有这种空间可以容纳这么多字，所以就只用十四个字来提示，简要地讲完这个故事；然后再用另外十四个字“晋有骊姬之难，而重耳主诸侯之盟”提示另一个故事，原本也是一个需要几百个字才能讲完的故事。

这是内在于文类规范的用典理由。还有外在的理由：六朝之所以出现骈文，与贵族文化有密切关系。在六朝之前，中国有文章，却没有独立的文学意识，而文学意识清晰地出现，是六朝文化的重要特色。

文章都有一定的功能，创作者出于某种需求而创作文章。但是，六朝产生了新的文章划分方式，也就是将文章分为“文”和“笔”。从形式上看，“文”是韵文，“笔”是散文。重视声音、讲究音韵的是“文”，其他的则是“笔”。然而这样的划分后来被进一步扩大、延伸来理解。过去人们所习惯、所认知的文章，现在都被归入价值较低的“笔”的范围里，而“文”则是层次较高，有意识地去追求、琢磨、雕砌出来的成品。“笔”是有目的性的，有功能的，“文”不是，“文”本身就是目的，具备强烈的纯粹性。

这样的发展趋势，到《昭明文选》成书时达到高峰。对于《昭明文选》，我们有两个问题不该轻易放过。第一个问题是，书名中的“文”指的是什么？第二个问题是，编纂这样一本选集的目的是什么？

这两个问题其实有共同的答案。在《昭明文选·序》中，昭明太子萧统以负面罗列的方式明确地告诉读者什么不是“文”，为什么某些文章不在《文选》的考虑范围之内。他说：

若夫姬公之籍，孔父之书，与日月俱悬，鬼神争奥。孝敬之准式，人伦之师友，岂可重以芟夷，加之剪截？老庄之作，管孟之沫，盖以立意为宗，不以能文为本。今之所撰，又以略诸。

意思是，儒家经典虽然具有永恒且深奥的内容，但正因为这样，就不能从“文”的追求角度予以更改，于是不在《文选》范围之中。还有诸子著作，其目的在于表达意念，而不是为了显现具备写“文”的能力，所以也从《文选》中排除。

若贤人之美辞，忠臣之抗直，谋夫之话，辨士之端，冰释泉涌，金相玉振。所谓坐狙丘，议稷下，仲连之却秦军，食其之下齐国，留侯之发八难，曲逆之吐六奇，盖乃事美一时，语流千载。概见坟籍，旁出子史，若斯之流，又亦繁博。虽传之简牍，而事异篇章，今之所集，亦所不取。

另外，那些在庙堂上议论，大胆向皇帝直言抗辩的种种记录，或是纵横家们说得天花乱坠，能够发挥巨大作用的言辞，从古代流传下来的很多，也不在《文选》的考虑之列。

至于记事之史，系年之书，所以褒贬是非，纪别异同，方之篇翰，亦已不同，若其赞论之综缉辞采，序述之错比文华，事出于沉思，义归乎翰藻。故与夫篇什，杂而集之，远自周室，迄于圣代，都为三十卷，名曰《文选》云耳。

还有那些专门书写历史事件和历史人物的文章，也与《文选》的宗旨不合，除非经过深思之后，在文辞运用上有特别成就的文章，才会纳入考虑。以此为标准，从周朝到萧统自己所属的南朝梁，萧统编撰出三十卷的《文选》。

萧统的这篇序文，采用的就是骈体，有严格的排比和华丽的铺陈。是比前引《劝进表》更成熟、更漂亮的骈文。“贤人之美辞”对“忠臣之抗直”，“谋夫之话”对“辨士之端”，“赞论之综缉辞采”对“序述之错比文华”，“事出于沉思”对“义归乎翰藻”；而且行文中一连堆砌了“狙丘”“稷下”“鲁仲连”“郦食其”“留侯张良”等诸多历史典故。

萧统使用这样的文字，想要表明的就是他心目中的“文”，不是我们一般经验所认定的文章。我们不能简单地将《昭明文选》看作好文章的精选。在萧统的“文”的标准中，一篇文章最要不得的，就是有用。基本上只要是有用的文章，用来发挥某种作用的文章，不管文章承载的是千古真理或一家之见，有多么精彩，还是可以改变历史，或者足以将过去的人和事长久保留下来的记录，都没有“文”的价值。

“文”的价值主要是由文辞的细密、精致程度决定的。也就是说，要有超乎功能作用之上，对文辞的修饰和讲究。从功能作用上看没有必要，且单纯为了文句的华美铺张而写的内容才是“文”，是“文”的标准所认可的。

08

贵族文化与用典习惯

这样的态度，与贵族文化直接相关。贵族文化必然带有强烈的辨别性、表演性，用一个英语单词来说就是 distinction（区别、卓越、荣誉）。突显高下分野非常重要，它可以不断强化贵族身份，并与其他非贵族阶层区别开来。从文字的角度看，最自然、最普遍的做法，就是故意让文字与语言拉开距离，在文字符号中藏进只有少数人才有办法、才有资格解读出来的意义。

骈文的架构规矩，加上大量使用典故，都明显地抬高了解读的门槛。脑袋里没有那么丰富的历史知识的人，无法将简写、缩写的文字典故内容展开；从来没有学习过对仗和协韵的人，也就不可能明了文章这样写的奥妙。这些规则都被用来划分具备贵族修养的人与不具备贵族修养的人，规则才是这些文章针对的“适当的”

读者，同时将其他人排除在外。

也是从六朝以降，“用典”的性质和方式也就在中国文字运用中固定下来了。六朝之前的中文文章也会提到许多历史人物和历史故事，不过它们使用的形式，比较接近“引用”。“引用”意味着原本不知道这人物、这事件的读者，还可以通过文章大致了解那是什么，因为文章本身还提供基本的解释。到了六朝之后，基本上就取消了这种对读者的体贴了，或者说文章就自然地对读者提出了更高的要求。按照文意的需要，有时甚至是按照文章格式上的需要，写下“荆轲萧萧易水别”几个字，就没有作者的责任了，而是读者自己需要背景知识，不仅知道荆轲是谁，易水之别是怎么回事，而且要知道荆轲去秦国试图刺杀秦王的过程中发生了什么事。因为作者在动用这个典故时，所要强调的重点不见得就是易水之别。

这样的用典方式，极大地丰富了文章的内容，让中文可以用最精简的方式来表达更丰富的含义。连带地，这种方式也就给予了中文特别强调、看重精简的价值观念，影响所及，中国文人创作的作品，往往可短不可长，字数少的文体在中国大有发展，相对而言，规模较大的文章形式就受到一定程度的抑制。

也正因为如此，中文在表达、沟通的功能之外，又具有分辨群体的作用。我们甚至可以说，在中文里，对分辨、区隔群体的作用的考虑，压过了表达、沟通的功能。唐朝开始的“古文运动”以鲜明的旗帜反对骈文，然而即使经过唐朝、宋朝两拨古文运动的冲击，“用典”和“解典”在文章写作和阅读上，依然保留了再重要不过的地位。

六朝以降，中国的读书人不能不培养的基本学术功夫，就是熟记历史中的主要人物和事件，以便遇到典故时，能够有效地予以解读。在此之上，有时还有更高的要求，最好连这些典故出处的原文都能够背诵，才有办法更全面地解读典故。换一个角度看，受过这样训练的文人，写起文章来也就必然以能够广泛“用典”，以不同方式“用典”作为重要的追求了。

“典故”在中国文人心中所起到的另一个作用，是推动他们与历史，与过去的人和事格外亲近。过去发生的事不会真的过去，会不断成为他们写文章乃至进行思考的必备资源。他们的生命中有根深蒂固的、强大的历史意识；对他们而言，历史不是身外的知识，而是通过文字、通过典故，内化在他们的生活中，成为主导他们如何看待自己和外在环境的一股巨大力量。

09

从唐诗看音调的规矩限制

骈文自身形成了一个传统，历经唐宋古文运动的鄙薄、反对、排斥，却一直保留了下来。那样固定死板的规则，加上主要运用在应用文上这一性质，使得骈文在文学成就上，很难得到高的评价和尊重。中国文学史关于文学代表作的演进，一般说法是：汉赋—唐诗—宋词—元曲—明清小说，没有骈文的位置。

然而，骈文还是有很重要的历史意义。如果没有骈文开创出的文字试验和设计精神，不会出现后来唐诗的蓬勃发展。

唐诗的核心是近体诗，包括绝句和律诗。说到唐诗，很多人立刻想到“李杜”——李白和杜甫。然而从诗体的运用上看，李白和杜甫决然不同。李白擅长的是古诗，而杜甫最高的成就却是近体诗，尤其是律诗。古诗与近体诗的根本差别就反映在李白和杜甫的风格上。李白“恣意雄浑”，他的诗有一种气魄，那气魄与古诗提供的相对自由的空间有关联。李白没有耐心琢磨近体诗需要的严格的对仗规律。像律诗八句中，每两句构成一联，八句组成首联、颔联、颈联、末联，其中颔联和颈联必须严格对仗。杜甫的律诗为什么精彩，正因为他找出了近乎无穷的对仗变化的可能性。

近体诗的规律，尤其是对音韵和对仗的要求，就是建立在骈文的试验和设计基础上的。如果从唐朝近体诗的成就回溯，我们就能看出骈文的重要意义。骈文造好了架构，那个架构就考验了日后所有运用中文的人，让他们对中文的音调和意义规则，必须具备高度的自觉，必须培养出在这架构中去营造“对的”文句和文章的本领。

近体诗在这种文字规律的紧张感中才得以产生，它与古诗不一样，它用形式将诗人绑得紧紧的。从音调到意义都有好多规矩，不懂这些规矩的人根本写不出近体诗来，也无从欣赏近体诗。有一种诗叫“打油诗”，指的就是表面上看起来与绝句一样，都是五字或七字一句，由四句构成一首诗，却没有按照绝句所要求的平仄音调严格安排文字。

近体诗的音调何其麻烦！仅仅平仄的规矩，就使得七言律诗的五十六个字，在音调上几乎是字字彼此联动，落了第一句的第一个字，就决定了后面所有字必须符合的音调要求，落了第二句的最后一个字，也就决定了这首诗的“韵脚”，那么后面第四、六、八句的结尾也都要使用这个“韵”。韵不仅关系到韵母，而且还分“平声韵”与“仄声韵”，绝大部分的诗都采用“平声韵”，双数句的最后一字落在平声上，于是对应的，单数句的句尾最后一字就需要落在仄声上。

这些规矩复杂到今天如果让我们写出两句完全合律的诗句，绝大部分人都是做不到的。然而在唐朝，最聪明的人不仅掌握了这些规律，而且内化了这些规律，不需要想，也不需要特别对照检验，就能自然写出合律的诗句。更进一步，他们还要在如此严格的限制中发挥创意，写出不一样的诗，也就是在限制中找到自由，发挥自由。

欣赏唐诗，如果不深究这些规律，就永远无法准确分辨诗的高下好坏，因为不同的诗在写作上有不同的难度，在克服限制、展现自由上有不同的成就。我们不仅要看到字词表现的内容，不仅要听到音调所构成的平衡错落，还要体会这样的诗如何既符合规律，又超越规律，找到别人想不到的写法。

10

《与宋元思书》是骈文的典范之作

这一切，都是由骈文开端且奠定基础的。我们也可以用这种态度，审视限制与自由之间辩证关系的美学态度，欣赏六朝时期流传下来的部分骈文作品。

最好的骈文，是让人忘却其为骈文的作品。比如吴均的《与宋元思书》，在文类上是书信，是作者写给朋友的一封信。开篇便写道：

风烟俱净，天山共色，从流飘荡，任意东西。自富阳至桐庐，一百许里，奇山异水，天下独绝。

作者开头先说自己所在的环境，他在船上，从富阳航行到桐庐，沿途有漂亮的景色，而且空气清新，天显现出苍青的颜色。细看我们才发现，最前面八个字“风烟俱净，天山共色”原来是对仗的，“风烟”对“天山”，“俱净”对“共色”，工整得不得了，“风烟”和“天山”不仅都是名词，而且都是自然，“俱”与“共”是同义的动词，“净”和“色”都是视觉效果。

水皆缥碧，千丈见底；游鱼细石，直视无碍。急湍甚箭，猛浪若奔。

然后形容河水碧绿（呼应了“天山共色”，实际上是“天、山、水”共色，全幅都是不同的绿）清澈，再怎么深的河底都看得清清楚楚，有游鱼，有细石。游鱼动着，细石微小，都是不容易看清楚的，所以特别彰显河水的清澈，到了看到游鱼和细石都不是问题的地步。

然后是另一个对句“急湍甚箭，猛浪若奔”，这样的一条河清澈却不平静，水流的速度很快，有些落差的小瀑布如飞箭般迅速，掀起的浪像马一样往前奔跑。“急湍”对“猛浪”，都是形容词加名词；“甚箭”对“若奔”，前一个字是比较性质的，后一个字是名词。所以从词性上我们判断，这里的“奔”指的是奔跑中的马，对上射飞了的箭。

夹岸高山，皆生寒树，负势竞上，互相轩邈；争高直指，千百成峰。

说完了水再说山，山上生长着枝叶不是很茂密的树，一层一层，一排一排，好像比赛要往上攀爬一样。于是，前一段描述的水的动态，就被延续到这一段，虽然山上的树原本是静态的，却在主观的想象之眼中，拥有了动作意志。这里有了和前面不一样的对仗写法，不是严格的相邻两句对仗，而是隐藏着让隔句的“负势竞上”对“争高直指”。

到这里，我们回头看第一段里说的“奇山异水，天下独绝”，原来这是以抽象的方式起的头，然后一段说“异水”，一段说“奇山”，具体说明如何“天下独绝”。

泉水激石，泠泠作响。好鸟相鸣，嘤嘤成韵。蝉则千转不穷，猿则百叫无绝。

前面是用眼睛看到的“奇山异水”，文章一转，成了听觉上的感受。因为都是声音，所以用字本身也要配合音调上的考虑。“泉水激石，泠泠作响。好鸟相鸣，嘤嘤成韵”，这又是不一样的对仗，让“泠泠作响”隔句对“嘤嘤成韵”。然后接整篇文章中最清楚、最刻意的一组对仗：“蝉则千转不穷”对“猿则百叫无绝”。

这里清楚显现的是“泠泠”和“嘤嘤”两组拟声词，但潜藏着的还有别的声音效果。“泉水激石”，这几个字的声母发音有急促的感觉，相对的“好鸟相鸣”则选择了比较舒缓的韵母。蝉声的描述是“转”，猿声则是“叫”，产生了深浅远近的不同印象。

鸢飞戾天者，望峰息心；经纶世务者，窥谷忘返。

文意再一转，从客观、外在的景色，转到内在、主观的感受，或者说客观景色在观者内心所引发的主观感受。处在这种“天下独绝”的“奇山异水”之间，有着万丈雄心的人，都会因看着山而让自己安定安静下来；那些处理各种世俗琐事的人，也必然因看着河谷而不想回到那样的日常生活里了。

这里又有了不一样的对仗形式，“望峰息心”和“窥谷忘返”是严格对仗，而这两句的上句“鸢飞戾天者”和“经纶世务者”则是松散不严格的对仗。

文章最后是：

横柯上蔽，在昼犹昏；疏条交映，有时见日。

横着的树枝一条条在上方遮蔽着，挡住了阳光，以至于虽然是白天却感觉像黄昏了，只有在枝条比较稀疏的地方，太阳才会不时显露出来。这里与前面相反，前句“横柯上蔽”和“疏条交映”是严格对仗；后句的“在昼犹昏”和“有时见日”则是不严格的对仗。

11

《登大雷岸与妹书》欣赏

像吴均写的这样成熟漂亮的文章，我们不把它当骈文，仍然可以明确地领受文章要传递的信息；然而，我们如果意识到这是骈文，多花些工夫注意其内在形式，就能体会更多那种限制中的自由，从而多一分珍视之情。创作者必须在文字上有高度的敏感，才能写出这样遵循规矩却又出入自由的美文。

我们还可以欣赏鲍照《登大雷岸与妹书》的部分段落加深对骈文的认识。作者站在大雷岸，形容看到的风光：

……向因涉顿，凭观川陆；遨神清渚，流睇方曛……南则积山万状，负气争高，含霞饮景，参差代雄，凌跨长陇，前后相属，带天有匝，横地无穷。

南边是一层层的山，各自展现出万般的情状，看起来好像彼此互相赌气，比赛看谁更高。然后将这种拟人的写法再推前一步，形容这些山好像含住了霞光，又将霞光照出来的影子吸进去了一般。互相比赛的山高高低低，有赢有输，一排排接连扩展过去，好像将天地都环绕起来了。

东则砥原远隰，亡端靡际，寒蓬夕卷，古树云平，旋风四起，思鸟群归。静听无闻，极视不见。

东边则与南边大不相同，是一大片平原，没有边际；黄昏时，蓬草到处卷飞，古树孤零零高高直立，似乎和云一样高。刮起了方向不定的风，鸟群准备要归巢了。那片无垠的景色，使人不免怀疑自己的感官，努力看都看不到，拼命听都听不见。

北则陂池潜演，湖脉通连。苎蒿攸积，菰芦所繁，栖波之鸟，水化之虫，智吞愚，强捕小，号噪惊聒，纷乎其中，西则回江永指，长波天合。滔滔何穷，漫漫安竭。

看过南边和东边，接着看北边。北边又不一样，全都是水，有长在水边的植物，有栖息在水上的鸟，还有水里的虫，水中各种活动，热闹得很。江水在这里转了个弯流向西边，波光好像和天空接合在一起了，一层层的浪不断涌动，没有终极。

下面一段是对水面的观察引发的感慨：

创古迄今，舳舻相接，思尽波涛，悲满潭壑，烟归八表，终为野尘，而是注集，长写不测，修灵浩荡，知其何故哉……

从古到今，这条河上曾经航行过那么多船，而所有这些船，现在都已经不在了；船和船上的人，终究都化为野尘了；只有河水一直流淌。时间是怎么回事，被时间带走的事物去了哪里，这是我们无法参透、无法理解的……

这样的文章又告诉我们，骈文不仅在字句上讲究对称，在整篇的结构上也要追求平衡。《与宋元思书》篇幅虽短，但其实也是架势井然。开头交代场景，提示“奇山异水，天下独绝”的重点，接着分别写“奇山”和“异水”的模样，再来写“奇山异水”的声音，再来由客观描述转入风景带来的主观效果，最后则呼应开头，以带有余韵的自然描绘收结。

《登大雷岸与妹书》的结构更明确。要说风光，就按照南、东、北、西四个方向逐段来写，而四个方向看到的风景一定不一样，各有特色。南边是山，东边是平原，北边是湖水接向江水，西边是大河。不同的景色需要有不同的描绘重点，山突显其高，平原突显其广袤无边，湖水突显水中生命的动态，大河呢，就把滔滔水流与时间联系起来作喻。

如此也就将客观的景物转移到主观的心境上，作者借由河水感受到时间的流淌，最后归结到对自我渺小且无知的感慨。

骈文留下了不少至今仍然值得好好阅读的作品，不应该被彻底遗忘。尤其在当前的环境里，欣赏骈文毕竟还是可以提醒我们面对文字的一种特殊态度——营造“美文”的态度，如何用心在规律中寻找自由，进而显现自由，隐藏规律。在这个过程中，我们需要真诚面对文字的音调和意义，细心选择，细心建构，有意识地进行试验和设计，也就是以一种艺术的审慎来面对文字，让文字和日常功能明确地区分开来。

很不幸，因这种贵族心态而确立的骈文传统，后来却与最庸俗、最格式化的应用文牵扯不清，导致后世的人无法以同情的心境理解这种文体的特色，以及正确评估这种文体对波澜壮阔的唐诗产生的至关重要的影响。

北齐山西太原娄睿墓壁画

北齐神兽图，山西太原徐显秀墓壁画

第八讲

重新认识“五胡乱华”

01

认识中国历史需要知道的一条地理分界线

我们认识中国历史不能忽略的一个外在架构，是中国的地理条件。中国地理有几条重要的南北分界线，它们对中国历史的发展产生了很大的影响。

一条重要的南北分界线是“秦岭—淮河”一线，秦岭在西边，淮河在东边，这条分界线大体上与800毫米年等降水量线重叠。提到雨量，很显然，它与农业发展有密切关系。农业，最简单的定义是“经过人为控制的植物生长”，那么植物生长的自然环境当然就在相当大的程度上决定了农业的性质。

从文明起源的角度来看，雨量造成的最大差异，在于“原始地景”。从考古发掘来看，新石器时代的中国原本有“满天星斗”般共时出现的众多部落，然而后来却是在800毫米年等降水量线以北形成了中国文明的核心，其中是有一定原因的。比如台湾地区，有一些年降水量高达 3000 毫米的地区，植物生长繁茂，有利于采集生活，也就是直接依赖自然生产，不需经过人为改造的生产生活方式。而且那么茂密的“原始地景”，如果进行人工化改造，那会多么费力！

而降水量相对偏少的北方，“原始地景”比较荒凉，人口稍微增长就面临植物生产不足的问题，如果要继续居住下去，就得找出方法“开辟”土地，也就是说，必须发展农业。中国北方的黄土地带，受降水量限制，原始植被没那么丰富，但土层却基本是肥沃的，只需较少的人力就能够“开辟”，开展人工化种植，获得不错的收成。

800 毫米年等降水量线以南地区，原始植被比较茂密，若要进行人工开辟，显然其人力投入和工具需求的门槛就会比较高。不过，一旦进行了人工开辟，降水量较多的地区其农业产出也会较多。

中国历史的发展轨迹，充分反映了上述地理条件差异带来的不同结果。在历史上，先是开辟门槛较低的北方发展了农业，然后北方农业发展带来的人口增长到了一定程度后，其地理条件不足以维持那么多人口，于是其中很多人就不得不往南方迁移。借着这时积累了的人力和社会组织，他们能跨越开辟门槛，将南方的土地快速地农业化，从而维持更多的人口。

就是这样的自然与人文之间的互动，决定了中国文明的演进以黄土高原为基础，而其重心却随着时代变化不断向南方移动的模式。

02

一条更重要的分界线

涉及农业发展和人口分布的另一条重要的分界线，是大致与长城重叠的 400 毫米年等降水量线。长城是人为的，不是刻意按照自然的年等降水量线而设计出来的，然而其最终修造路线与 400 毫米年等降水量线大致吻合，就表示这条线正是农业生产和农业聚落分布的北界。也就是说，往北越过这条线，其降水量不足以供应稳定的农业生产和农业聚落所需了。

很自然，这条线以北的地区一定会发展出不一样的文明形态来。要了解历史上人们所谓的“五胡乱华”现象，必须了解长城以北的民族状况，也就必须了解他们生存地区的自然条件。不过，需要提醒的是，并非 400 毫米年等降水量线以北居住的都是“游牧民族”。在无法进行长久农业生产和维持稳定农业聚落的地理条件下，不同地区会出现不同的生产生活形态。

比如，中国历史上中原王朝曾经间或管辖过的“西域”地区，这里较少出现本地居民与汉民族之间的激烈冲突。历史上从来没有一个来自西域的势力征服、占领中原王朝。中原与西域之间的关系，大部分时候都是和平交流，从汉武帝时代的张骞“凿空”通西域开始，越来越多的西域人进入中原，带来许多异质文化因素，包括重要的佛教思想。历史上偶尔发生的中原王朝与西域地区的冲突，往往是中原王朝出兵攻打西域，而不是相反。

这样的关系其形成有地理因素的影响。西域是一片主要由荒漠构成的地区，降水量很小，然而，在某些特定的地方，有绿洲存在。当地人依托一片一片的绿洲，进行生产活动，发展出绿洲型的文明。有绿洲提供水资源的地方，就发展出小型的农业聚落，不过，一来这样的农业聚落规模很小，也就难以扩张；二来聚落与聚落之间不仅相隔甚远，而且多半是隔着难以跨越的沙漠。

西域的楼兰、鄯善、龟兹、高昌等重要地区，彼此之间相距甚远，不容易彼此连通。“丝绸之路”能够形成，其实是凭借这些绿洲型的农业聚点串起来的。因此，我们认识西域时，不能将之看作长城以北地区那样的草原环境。

另外，东北地区的天然条件也不足以维持恒常农业生产，这里常见的是“农牧混合经济”，也就是在降水量相对充足却高寒的条件下仍然维持一定的农业活动，再以畜牧业补足生活需求。农业和畜牧业并行，基于不同状况二者有主有从。

长城以北地区按照与农业地带的距离远近，又分成两个区域。

比较靠近长城这边的是畜牧区，这里的草原再生能力较好，居民可以把牲口留在同样的地方放牧，每年新长出的草足以养活牲口。

畜牧区再往北，固定在一片地区从事畜牧业就难以维持了，人们只能采取游牧的方式。畜牧和游牧这两种方式的最大差别就在于空间大小。同样的牲口在北边所需的放牧面积，或许是南边所需的五倍乃至十倍，游牧民尚未等到来年春天青草复长，原本的草料资源便已经被牲口用尽，于是不得不将牲口移到别的地方，才能维持生计。这种生产生活方式也与地理环境尤其是降水量有关。

03

古代中国游牧民族与农业民族的互动

在400毫米年等降水量线以北地区，存在着不同的生产形态，有农牧混合经济，有畜牧业，还有游牧生产。长城以南的中原地区是整个中国最广大的农业经济和农业文明区域，因此中原地区必然与长城以北地区产生紧张关系。最关键的紧张点在于，农业生产是固定的，是有规律可循的——春耕、夏耘、秋收、冬藏，反反复复。而北方以畜牧业或游牧经济为主的民族，拥有利用动物兽力而产生的高度机动性。如此一来，在与农业民族互动的过程中弄清楚了农业的季节循环特征之后，这些民族很容易选择在秋天时节南下，掠夺农业区域的收成。

在人适应气候条件变化的能力越低的地方，这种紧张情况就越严重。游牧民族的牲口肥瘦和存亡，都受气候变化影响，如果生产状况不如预期，他们就更倾向于选择南下，通过掠夺农业收成作为游牧生产欠佳的补充。

在机动性和战斗能力上，农业民族与高度依赖动物的游牧民族之间，显然有很大的差距。游牧民族可以随时南下，将农民辛苦大半年好不容易种植收获的庄稼成果抢走，然后立即北返。对此，农业聚落的人几乎无法抵抗，更不要说往北去追逐这些抢夺者。

怎么办？一个理所当然的办法是修筑城墙，不让游牧民族轻易进入农业地区。另一种特殊的处理方式出现在汉朝，尤其是汉武帝的时代，那就是反守为攻，主动出击，驱赶那些游牧民族。汉武帝的基本策略是，将可能威胁到农业生产的游牧民族都往北驱赶，开辟出一个缓冲地带，然后将军队和百姓送到这片地区，占领这些地方，推行屯田生产，政府在那里设置新的郡县，将防卫线向北推进。驱逐、占地、实边，是这个策略的三个固定步骤。

汉武帝多次派卫青、霍去病、李广利等人率领大军攻打匈奴，一度逼迫匈奴将王廷迁移至漠北。从表面看来，这些军事行动的成果极为辉煌。然而，汉武帝晚年却颁布《轮台诏》(前 89 年)，明确地反省这个政策。《轮台诏》实际上承认这套驱逐、占地、实边的策略失败了。其中有两个关键之处：第一，这种做法极其耗费人力、物力，汉武帝之所以能如此做，凭借的是在他即位之前汉朝长期积累的财富，而汉武帝发动战争之前汉朝六七十年积累的财富，几乎都被汉武帝挥霍在对抗匈奴的行动中了；第二，即便汉帝国能够组建庞大的武装进行驱逐行动，且在驱逐行动之后施行占地、实边的政策，也就是强行以人为的方式将这些地区改造成农业地带，也是不可能长久维持的。

汉朝派去占地、实边的，都是出身农业聚落、拥有农业经验的人，他们试图在如此偏北的地区进行农业生产，但地理条件不可能因为主观的愿望和努力而改变。而且，这些农业人口也无法在一两代人的时间里转型成为畜牧业从事者或游牧生产者。

《轮台诏》承认汉帝国为了驱逐北方游牧民族而付出了太高的代价，也承认朝廷在驱逐游牧民族之后设置的几个新郡，无法留住人口，派去的人纷纷逃离。承认错误和失败，当然也就意味着朝廷必须改弦更张，制定新的策略。

《轮台诏》后，朝廷对游牧民族的新策略是“内召”。也就是说，朝廷不再将农业聚落的汉人送到北边，而是允许北边的游牧民族进入这片地区，在这个介于农业与游牧之间的缓冲地带上，双方共存，建立亲善关系。

刚好在这时候，经过武帝一朝的反复攻击，匈奴原有的政治组织瓦解，内部产生分裂，并于公元 48 年正式分裂为南匈奴和北匈奴，于是汉朝就以南匈奴作为“内召”的对象。部分南匈奴部落因为这项新政策而纷纷进入“塞下”，也就是紧邻长城北边的这片地区，从事农业和畜牧业。久而久之，这些南匈奴人逐渐汉化，虽然维持着外族的身份，但是在生活方式和文化上，他们与汉人越来越接近。东汉末年，这些内召、内附的南匈奴人甚至已经不会蓄养牲口了，他们成为汉人大庄园的佃户，从事的主要行业基本都是农业；他们成了农业化、汉化的匈奴人。

这种方式暂时解决了农业民族与游牧民族之间的冲突，不过也同时带来了新的问题，其中最重要的就是“异族混居”所带来的新状况。中原地区自春秋战国以来，就形成了越来越强烈的“我族意识”，强调“华夷之分”。对“非我族类”的群体，华夏地区的人在语言上一直有明确的划分，先前称外族为“戎”“狄”“夷”等，后来将北边的外族统称为“胡”，南边的则称作“蛮”。

这样的观念意识在华夷混居的地区，一定会给人造成困扰。匈奴人进入中原王朝的领域，并逐渐成为中原王朝统治体系的一部分，然而汉人却一直在语言和观念上突显与他们之间的距离和差异，他们必然会感受到汉人对他们刻意的歧视和排挤。

04

“五胡乱华”是一个错误的表述

可能早在东晋时就有了“五胡乱华”的说法，到了隋唐时期，这个说法广为流行。这样的表述，如果仅仅从字面上看，会让人产生各种误解。

第一个误解是，我们总以为“乱华”的“五胡”都是外来的异族，尤其是现代历史学家了解到西方文明史之后，经常将“五胡乱华”的历史与灭亡西罗马帝国的“蛮族入侵”相提并论，这就更加深了人们对这段历史的这个印象，即这段时间发生在中国的事情，也是外族大举入侵中国，破坏了原有的统治秩序。

首先我们要弄清的一个历史事实是，“五胡”中很重要的一支，也是最早开始“乱华”的势力之一是刘渊。刘渊率领的匈奴人，尽管具备“胡”的异族身份，却不是在汉末或魏晋时期突然从外面闯入的，他们是原来就已经“内附”，长期居留在塞下一带从事农业生产的南匈奴人。

“五胡乱华”中最早发难的势力，便是匈奴的刘渊。刘渊的养子刘曜攻入洛阳（311 年），掳走了晋怀帝，后来又进袭长安（316 年），掳走了晋愍帝，直接造成西晋的灭亡。而《晋书》上是这样描述刘渊（因为避李渊的名讳，所以称刘元海）的：

刘元海，新兴匈奴人……齠龀英慧，七岁遭母忧，擗踊号叫，哀感旁邻，宗族部落咸共叹赏。时司空太原王昶闻而嘉之，并遣吊赙。幼好学，师事上党崔游，习《毛诗》《京氏易》《马氏尚书》，尤好《春秋左氏传》《孙吴兵法》，略皆诵之，《史》、《汉》、诸子，无不综览。

刘渊是匈奴人，七岁时母亲去世，他哀号痛哭，在邻居间得到孝亲的称赞，引起王昶注意，特别送钱给他，以资奖励。他从小好学，师从崔游，读了很多经书，受过完整的经学教育，旁及重要的史书和诸子书。《晋书》继续记载道：

尝谓同门生朱纪、范隆曰：“吾每观书传，常鄙随陆无武，降灌无文。道由人弘，一物之不知者，固君子之所耻也。二生遇高皇而不能建封侯之业，两公属太宗而不能开庠序之美，惜哉！”于是遂学武事，妙绝于众，猿臂善射，膂力过人。姿仪魁伟……

刘渊后来有了不同的领悟，对亲近的同学说：“平常读书看到历史人物，我很看不起随何、陆贾这些文人，他们都不通军事，我也看不起周勃、灌婴这些武人，他们都没有好的文化修养。人主要的任务应该是弘道，无所不知才能够弘道，遇到有什么事不知道的话，君子应该感到羞耻。随何、陆贾服务汉高祖却因为没有武功建树，所以无法封侯；周勃、灌婴在汉文帝时代因为文化修养不足，所以失去了在文化教育上立功的机会。”刘渊自觉已经在“文”的方面有了成绩，于是刻意选择加强学习武事，也获得了很好的效果。

按照史书的上述记载，刘渊所受的，很显然是纯粹的汉人教育，他的自我认知和事业理想，也都是以汉人的历史为基础的。要到后来，他才对自己匈奴血统有了比较清晰的认同。刘渊建国时，国号为“汉”，年号则是“永兴”，明确表示要接续汉朝的政统，他说：“昔汉有天下久长，恩结于民。吾，汉氏之甥，约为兄弟。兄亡弟绍，不亦可乎！”

刘渊提到了匈奴，说汉朝统治天下很久了，对人民大有恩惠，而刘渊本人作为汉人的后辈，匈奴也已与汉朝结为兄弟，由弟弟来传承哥哥的朝代，没有什么不对的！

05

匈奴人刘曜和氐人李班的事例

从史书的记载或上一讲引用的《劝进表》来看，刘渊的儿子刘曜似乎是个烧杀抢掠洛阳的坏蛋，但这样的形象又与史书对刘曜这个人的部分描述，不尽相符。

刘曜将刘渊所建的国，从“汉”改名为“赵”，理由是他自认匈奴家世来自汉朝的“代”，而再往追溯，“代”这个地方，在战国时期属于赵国。赵国当然不会是匈奴的传统区域，就连“代”也位于农耕与草原交界地带的南边，也就是说，刘曜追溯自家的来历，心里想的显然不是原来在草原上游牧的匈奴，而是内附之后居住在塞下的南匈奴。

刘曜即位后做了些什么样的事呢？《晋书》上记载说：

曜立太学于长乐宫东，小学于未央宫西，简百姓年二十五已下十三已上，神志可教者千五百人，选朝贤宿儒明经笃学以教之……

刘曜大张旗鼓建立学校，有太学，还有小学，从百姓中选择十三岁以上、二十五岁以下有基本资材的人，一共选了一千五百人，又在朝廷里找到在经学和其他方面特别有学问的大臣担任老师。

曜命起酆明观，立西宫，建陵霄台于滈池，又将于霸陵西南营寿陵。侍中乔豫、和苞上疏谏曰……曜大悦，下书曰："二侍中恳恳有古人之风烈矣，可谓社稷之臣也。非二君，朕安闻此言乎！……"

接着他下令建造宫殿、庭苑和自己的陵寝，有侍中乔豫、和苞两个人上疏直言劝谏，意图阻止他大兴土木。刘曜读了他们的上疏，非但没有生气，还很高兴，称赞这两个人有"古风"，愿意对君王说实话，是"社稷之臣"。

从这些事件来看，刘曜也有一定的文化背景，对汉人的经学传统和中国帝王的历史，有相当程度的认识和理解。

比刘渊更早建国称帝的，有李特、李雄，他们是氐人。他们建立的政权是"成汉"，以成都为其势力范围。他们来自西南，然而早在汉末大乱时，就依附五斗米教，进入关中，在张鲁失败了之后，他们被魏迁到今四川北部地区，所以又称“巴氐”。

李雄建国称帝之后，在他的儿子之中，他原本属意李班，要将其立为太子。李班是个什么样的人呢？《晋书》记载：

班谦虚博纳，敬爱儒贤，自何点、李钊，班皆师之，又引名士王嘏及陇西董融、天水文夔等以为宾友。每谓融等曰：“观周景王太子晋、魏太子丕、吴太子孙登，文章鉴识，超然卓绝，未尝不有惭色。何古贤之高朗，后人之莫逮也！”为性泛爱，动修轨度。时诸李子弟皆尚奢靡，而班常戒厉之。

李雄的其他儿子都追求奢华、浪费的生活，只有李班和一群文人名士如王嘏、董融、文夔等人交往，这些人都是汉人。李班常常与董融等人讨论过去几个有名的太子，如姬晋、曹丕、孙登等人，想到这些太子会写文章，有见识，都会觉得惭愧：为什么古人那么优秀，后人却赶不上呢！

及雄寝疾，班昼夜侍侧。雄少数攻战，多被伤夷，至是疾甚，痕皆脓溃，雄子越等恶而远之。班为吮脓，殊无难色，每尝药流涕，不脱衣冠，其孝诚如此。

李雄病重，李班悉心服侍。李雄在战场上经常受伤，等到病重时，旧伤都溃脓，其他儿子避之唯恐不及，只有李班安于替父亲吸脓，而且他常为父亲尝药，会难过得痛哭流涕。他为了父亲的病无暇休息，有真正的孝心与孝行。

不过后来李班没有继承李雄的帝位，被他的兄弟们出于忌妒给害死了。从《晋书》对李班的记载，我们可以发现，“五胡”中的“氐”也与汉人关系密切，有不少人完全接受了汉文化的价值观念。

06

羯人石勒是一位怎样的君主

再来看看“五胡”中的“羯人”石勒。石勒原本是刘渊的部将，刘曜称帝改国号为“赵”，石勒也称帝，建立了另一个“赵”。历史上一般以“前赵”“后赵”区分这两个政权，但实际上，这两个“赵”在时间上是重叠的。

石勒十二岁就到洛阳，因为他们家是做生意的，他是跟随家人去洛阳行商的。在后来大部分时间里，他都居留在中原地区。“后赵”从石勒传到石虎，史书中留下了许多关于石虎的恐怖行为的记录，以至于当我们提起“后赵”，想到石家，会觉得这一家必然是野蛮的。这种观感比较符合后世对“胡”的刻板印象。

然而，从《晋书·石勒载记》来看，“后赵”的建国君主石勒并不野蛮。书中如此说：

勒宫殿及诸门始就，制法令甚严，讳胡尤峻。有醉胡乘马突入止车门，勒大怒，谓宫门小执法冯翥曰：“夫人君为令，尚望威行天下，况宫阙之间乎！向驰马入门为是何人，而不弹白邪？”翥惶惧忘讳，对曰：“向有醉胡乘马驰入，甚呵御之，而不可与语。”勒笑曰：“胡人正自难与言。”恕而不罪。

石勒建国之后，兴造宫殿、城门，颁布了严格的法令，其中他特别看重的一条，是忌讳说“胡”这个字。有一次，一个喝醉酒的“胡人”骑着马闯进了严禁车马进入的地方，石勒很生气，就将管宫门的小执法冯翥叫来，责问他：“我颁布的命令期待天下都遵守，现在竟然在自家宫门违背这条命令！那个闯进来的人是谁，你给我坦白说明。”被皇帝这样严厉逼问，冯翥吓得忘记了忌讳，回答说：“是一个喝醉酒的胡人骑马闯进来，我拼命叫他，阻挡他，可是他完全听不懂我说的话。”石勒听了，笑着说：“与胡人语言不通，确实没法说话。”所以就赦免了冯翥。

这个故事很有趣，也很有意义。显然石勒不愿人家把他当作“胡”，而且他也不像个“胡”，至少绝对不是一个与汉人语言不通的“胡”。史书上还有一段事迹：

勒以参军樊坦清贫，擢授章武内史。既而入辞，勒见坦衣冠弊坏，大惊曰：“樊参军何贫之甚也！”坦性诚朴，率然而对曰：“顷遭羯贼无道，资财荡尽。”勒笑曰：“羯贼乃尔暴掠邪！今当相偿耳。”坦大惧，叩头泣谢。勒曰：“孤律自防俗士，不关卿辈老书生也。”赐车马衣服装钱三百万，以励贪俗。

石勒的部下有一个参军叫樊坦，过得很穷很清苦，后来他被拔擢为章武内史，因此需要去面见皇帝。石勒一看樊坦穿得破破烂烂的，很惊讶，说："你怎么会穷到这种地步啊！"樊坦性子很直，没多想就回答："被羯人给打劫了，财产都被抢光了。"石勒笑着说："原来是羯贼抢你，那现在我应该补偿你。"樊坦这才意识到自己说错话了，犯了法令明白禁止的大禁忌，而且还是在皇帝面前，于是吓得拼命磕头流泪谢罪。显然他认为皇帝要"补偿"的方式会很恐怖。石勒却说："我颁布的法令主要是管那些俗士的，和你们这种老书生无关。"石勒非但没有处罚樊坦，还多加赏赐，表彰他的清贫。

连樊坦这种"老书生"都浑然忘记了自己面对的皇帝是个"胡"，是个"羯人"。史书中还有一个事例：

勒雅好文学，虽在军旅，常令儒生读史书而听之，每以其意论古帝王善恶，朝贤儒士听者莫不归美焉。尝使人读《汉书》，闻郦食其劝立六国后，大惊曰："此法当失，何得遂成天下！"至留侯谏，乃曰："赖有此耳。"其天资英达如此。

石勒就算是在打仗时，也常常叫人念史书给他听，听的过程中会对过去的帝王发表一些看法，他的议论让那些有学问的朝臣儒士都觉得很出色。他叫人读《汉书》，读到郦食其劝汉高祖刘邦分封六国之后，他大表惊讶，说：“这绝对不行，用这种方法怎么可能得到天下！”继续往下听，听到留侯张良如何坚决反对郦食其的意见，为汉高祖一一分析这方法不可行的理由，于是石勒理解了：“原来是靠这样的人、这样的谋略，才能有汉朝的天下。”

石勒与刘渊、刘曜不一样，他家是做生意的，没有读书的背景，所以他可能不识汉字，但这并不妨碍他吸收汉人的文化和价值观念，因此他能如此精确地判断中国历史上的关键变化。建立“后赵”时，他绝对不是一个野蛮人，突兀地从外面闯进中原进行掠夺。

07

北方游牧民族迁徙大拼图

石虎的恐怖统治使得“后赵”陷入一片混乱，终结在石闵之手。石闵是石虎的养孙，他将“赵”的国号取消，改称为“魏”。一般我们将这个政权称为“冉魏”。这个“冉”字怎么来的呢？原来是立国之后，石闵恢复了自己的原姓，成了冉闵。他原本是个汉人。

这件事更点出了“五胡乱华”或“五胡十六国”这种称呼造成的误会。“十六国”并非都属于“胡人”政权。“冉魏”是汉人建立的，还有“前凉”和“西凉”，虽然被列在“十六国”中，也都是汉人建立的政权。四川的“谯蜀”是汉人建立的。还有一个更容易混淆的政权，尽管“十六国”中国名中有“燕”字的几乎都是鲜卑慕容氏建立的，但是有一个“前燕”，却是由汉人建立的。

再从政权的性质来看，汉人建立的国，与胡人建立的国，并没有根本的差异，无论是在统治方式上还是在思想观念上。将这个时代称为“五胡乱华”，还真不公平，一来“乱华”的并不都是“胡”，二来“五胡”也并不都是外来的异族。

历史事实是，“乱华”的诸多力量是分阶段、有顺序的。最早是汉朝内部的动乱，从东汉末年开始出现的乱局，经过三国时期，延续到西晋，持续了一百多年。这段动乱时期造成的破坏远比后来“五胡”造成的骚乱更大。如果没有因汉帝国瓦解而发生的汉人内部战乱，根本不会出现“五胡”登上中原舞台，改变中国社会的可能。

撇开政权建立者的民族身份不谈，公元 4 世纪的这段动乱时期其实是延续了汉末以来的动荡局势。汉帝国崩溃之后，有效的中央统治迟迟无法重建，于是不同的人在这权力真空状态中凭借军事武力自立为王。自汉末以来，大混乱、大动荡其实是一直存在的，并没有那么明显的“五胡前”与“五胡后”的区分。

所谓“五胡”，是中原人士对五个不同民族——匈奴、鲜卑、氐、羌、羯——的称呼，他们进入汉人社会，对汉人社会产生冲击，是有先后顺序和深浅层次的。这就需要我们对地理环境和民族分布有一种动态的理解。也就是说，我们不能认为匈奴一直占据、停留在同一片地区，对其他民族的认识也是如此。汉人是农业民族，依赖土地生产，所以不容易迁移。但相对而言，中原边境地区的这些民族在迁徙流动方面，当然比汉人活跃得多了。

“氐”人从西南往北迁，然后再迁回四川盆地；匈奴则是，南匈奴往南迁，北匈奴远走大漠以北，然后再往西迁移。匈奴一南一北反向迁移，就使得他们原本占据的区域空了出来，于是更多北方民族就会趁势移进来，靠近自然条件较佳的环境。

鲜卑活动的区域，就是匈奴留出来的这片空地。因而在分布上，鲜卑与匈奴主要不是空间上的分别，而是时间先后上的差异。鲜卑分成好几个大姓，其中一个姓族是宇文氏，但鲜卑宇文氏不是纯粹的鲜卑人，而是被纳入鲜卑的匈奴人，也就是在匈奴南北迁徙的过程中，没有完全迁离的匈奴残部。匈奴离开后空出来的地方，由鲜卑移入占领了，于是残留的匈奴部落就归顺了鲜卑，被纳为鲜卑人的一支。

最早进入中原的鲜卑族部落是慕容氏，因为他们的地理分布是在最南边。慕容氏离开之后，他们原来的根据地就被拓跋氏占领了。拓跋氏相对比较晚才进入中原，传统所列的“十六国”中并没有拓跋氏所立的国。后来，他们追随慕容氏的脚步往南进入中原，建立了另一个“代”国，再改名为“魏”，也就是后来历史上极其重要的“北魏”。

拓跋氏离开之后，原来的北方土地上出现了一个新的民族，叫“柔然”。柔然快速迁移，逼近拓跋氏的根据地。柔然的存在威胁到北魏，拓跋氏必须建立“六镇”来防堵柔然的势力南侵。为了维持这北方“六镇”，南迁到洛阳的北魏朝廷与旧有的北方势力之间产生高度紧张的关系，这是后来北魏分裂、衰败的主要原因。

北魏设置的“六镇”不能撤，因为这个时期柔然不断壮大，不仅占据了原先匈奴和鲜卑的领地，还继续向西扩张。他们攻灭高车，后来遇到了突厥。但突厥就没那么好对付了，柔然无法打败突厥，反而使得突厥在与柔然作战的过程中，不断向东扩张他们的势力，从原本的中亚地区转向中国北方，从而影响了中国的历史。

08

“五胡乱华”动摇了过去的“王朝系统”

在“五胡乱华”这段历史时期里，“五胡”不是一起从外面进入中原建立政权的，他们分散在不同地区，并且是在很长一段时间里，先后进入中原。这段历史中最值得注意的应该是，在很长一段时间里，大量胡人进入中原，汉人与胡人之间产生了密切且复杂的关系。

我们不需要死记硬背“五胡十六国”是哪十六国，各自又是哪个民族建立的政权。我们真正需要注意的是，在这么短时间内，这么多民族在中国建立了这么多不同的政权这一事实。这个事实意味着，中原地区过去普遍接受的一件事被动摇了，那就是“王朝系统”。“王朝系统”有两个基本元素，一是整个中原地区属于同一个王朝。汉朝灭亡后，三国时期有魏、蜀、吴鼎立，然而，不仅这三个政权都一直积极地要统合整个中原地区，而且在一般人心中，大家都将这种分裂状态视为过渡的、暂时的状态，认为“王朝系统”在空间上的瓦解，是可以用时间来处理和修复的。西晋似乎结束了汉末以来的分裂局面，似乎实现了中国的大一统。

但在西晋结束之后，各种政权纷纷成立，中原不仅长期处于分裂状态，而且连“王朝系统”的第二个元素也消失了，那就是一个王朝应该有单一的世系，一代一代传下去。前一讲引用的《劝进表》，就特别强调周朝，因为周朝在同样的一个世系中连续传了近八百年。

然而，“五胡乱华”时期，这么多政权来来去去，建立了好多朝代，也就快速灭亡了好多朝代。在两晋南北朝这两三百年间，“王朝系统”的基本观念已不再理所当然地存在于一般人心中了。后来隋、唐完成统一，要重建新的帝国，必须面对的最大挑战，就在于如何让人们重新相信“王朝系统”的必要性，进而相信“王朝系统”的必然性。

整理“五胡乱华”时期的局势，我们可以将这段时间分成几个时期。仅仅从分期概念，我们就可以感受到当时北方的变化有多频繁，又有多复杂。

古代的正史按照原有的“王朝系统”观念，单独列出“西晋”这个朝代，让人觉得在那段时间里，整个中原地区只属于一个朝代，有一个明确的权力中心和一套统治机制。这样的印象，却不符合历史事实。

司马家建立的晋攻灭吴国（280年），结束了三国时期，重新统一中国，然而实质上的统一状态并没有维持很久，晋惠帝时就发生了实质上割裂王朝的“八王之乱”（291—306年），在这期间就出现了刘渊、刘曜所建立的“汉赵”（304—329年，始称为汉，后改为赵，后世称前赵或汉赵），再由刘曜建立的“前赵”脱化出石勒所建立的“后赵”（319—352年）。

另外，在今天的四川盆地和汉中部分地区，出现了“巴氐”李氏建立的“成汉”（304—347年）。如果按照之前“三国”命名的原则，西晋后期的局势应该被称作“四国”，也就是晋、前赵、后赵、成汉并立，而不是简单的“晋”或“西晋”。这是十六国时代的第一时期。

09

十六国时代的政权更替

十六国时代第二时期开始于后赵灭了前赵（329 年），接下来冉魏又灭了后赵（352 年）。不过冉魏存在的时间也很短（350—352 年）。第二时期真正的重点是以慕容氏为主的鲜卑族开始建立的新的王朝，也就是说，这时期才开始有了真正的“外族”。第一时期的匈奴、羯和氏都是本来就在汉人区域居住的“异族”，却不是真正的“外族”。

以“燕”为国号的政权，包括汉人建立的北燕，都与鲜卑慕容氏有关。这时与东晋并存的有“前燕”（337—370 年）和“后燕”（384—407 年），以及氐族人苻洪、苻健建立的“前秦”（350—394 年）。苻氏也是氐人，同样来自西边，建立了比“成汉”更大的一个政权。也就是说，这个时候有晋，有燕，还有前秦，又是一个三国并立的局面。

进入第三时期，前秦势力不断膨胀，将前燕攻灭，北方大部分地区落入苻坚的统治范围，与僻处南方的东晋形成了南北对峙。对峙的结果是苻坚率军南下，双方发生淝水之战（383年），苻坚战败，不久前秦倾覆，于是十六国时代进入了第四时期。

第四时期，因前秦倾覆，北方再度分裂，有了羌人姚苌所建立的“姚秦”，也就是“后秦”（384—417年），同一时期中原另有“后燕”（384—407年）和“南燕”（398—410年），南方仍然是晋。也就是形成了另一个四国分立的局面——晋、后秦、后燕、南燕。

第五时期，东晋的刘裕强势带兵北伐（409年），灭了南燕，却无法只凭借军事力量在北方立足，后来退回了南方。刘裕退兵时，北方的“代”崛起，后来改名为“拓跋魏”，也就是“北魏”。除此之外，还有赫连勃勃建立的“夏”（407—431年，又称赫连夏），以及远在西北的“南凉”（397—414年）和“北凉”（397—439年）。也就是说，此时并立的政权包括了晋（后由刘宋取而代之）、魏、夏、南凉、北凉等。

这是各个不同时期不同的分裂状况，在很长一段时间里一直持续变化。乱局延续那么久，使得过去所有固定的政治概念都需要被重新定义：什么是王朝，什么是朝廷，什么是皇帝，什么是统治，等等，在这漫长的过程中，这些概念都脱离了原有的含义范畴，成为全新的现象。

“异族”或“外族”对汉人原本建构的王朝政治系统没有足够

北魏骑骆驼商人陶俑，藏于巴黎赛努齐博物馆

的理解，更没有固定遵守的规范，而且，他们带进了不同的部落组织或社会文化观念，挑战了汉人王朝系统中既有的基本概念。

讲唐朝的历史，一定会讲到“均田制”。“均田制”源自北魏，是一套涉及土地、私有财产与国家分配之间的制度。这套制度的出现，与其说是复原古代的理想，不如说是在旧有秩序彻底瓦解之后，激荡出来的一种新的部落精神。部落精神当然是鲜卑人带进来的，然而还必须经过与汉人环境的长期互动才发展为这样的土地和财产形式。

这个时代的动荡使得我们认识历史乃至叙述历史都面临特殊的

困难。比如，魏晋南北朝的官制是一门大学问。不同的政权设置不同的官，官名可能是承袭、沿用原先就存在的，然而官的职掌和作用，却往往已经发生了很大的改变。更严重的是，许多官名只剩下空名，有名无实，我们不能仅仅用这些官名来建构这些政权的统治情况。

南北朝的历史，南朝比较容易掌握。从东晋到宋齐梁陈，其间有一个发展的骨干，那就是“门第”。门第贵族作为社会的核心骨干，相对而言是稳定的，不受政权更迭的影响。然而在北方，就没有类似的核心骨干。虽然北方也有大姓，也有门第，但是他们相较南朝并没有那么稳定，他们与外族政权之间也不可能发展出一套固定的互动机制，不同的政权与大姓、门第之间有不同的互动方式。

在南方，“门第高于皇族”是始终存在的模式，皇帝、皇族通常靠武力兴起，凭借武力取得政权，他们需要门第的协助、配合，他们也会想要获得与门第平起平坐的地位，乃至进一步控制门第，但是门第有足够的筹码抗拒皇帝在权力和地位上的迫近。

在北方残破的社会经济基础上，面对“异族”或“外族”政权，北方的门第没有那么多的筹码，因此，他们会更强调家族内部团结和纪律的重要性，高度重视“礼”，发展“礼学”，以此巩固自身的实力。

这个时期北方的变化过程极其复杂，很难简单整理出单一的图像来描述其政治体系和社会组织各方面的变化。我们能尝试的是，站在北魏实现了对北方的控制之后这个时间节点，往前回溯，也就是考察北魏的政治体系和社会组织，再从之前的历史追溯这样的体系和组织是怎么来的，可以还原出十六国时代的图景。

这种方法是以后来的结果整理前面的脉络。北魏是关键，我们可以说北魏聚拢了“五胡乱华”的种种历史元素，因此，我们接下来讲述北魏的历史，一方面当然要说明北魏如何建立，又如何维持其政权，另一方面，也要从北魏的形貌回头整理之前“异族”或“外族”在北方进行的种种政治和社会试验，看他们留下了怎样的历史印记。

第九讲

北魏入主中原及其统治

北魏（386—534 年）皇帝列表

（按实际在位，不计后世追崇和反叛自立者）

庙号	谥号	姓名	在位时间	年号
太祖	道武皇帝	拓跋珪	386—409 年	登国、皇始、天兴、天赐
太宗	明元皇帝	拓跋嗣	409—423 年	永兴、神瑞、泰常
世祖	太武皇帝	拓跋焘	423—452 年	始光、神䴥、延和、太延、太平真君、正平
	南安隐王	拓跋余	452 年	永平
高宗	文成皇帝	拓跋濬	452—465 年	兴安、兴光、太安、和平
显祖	献文皇帝	拓跋弘	465—471 年	天安、皇兴
高祖	孝文皇帝	拓跋宏（元宏）	471—499 年	延兴、承明、太和
世宗	宣武皇帝	元恪	499—515 年	景明、正始、永平、延昌
肃宗	孝明皇帝	元诩	515—528 年	熙平、神龟、正光、孝昌、武泰
		元钊	528 年	建义
敬宗	孝庄皇帝	元子攸	528—530 年	建义、永安
	长广王	元晔	530—531 年	建明
	节闵皇帝	元恭	531 年	普泰
	安定王	元朗	531—532 年	中兴
	孝武皇帝（出皇帝）	元脩	532—534 年	太昌、永兴、永熙

01

读懂北朝，从陈寅恪的一部著作开始

中国中古史研究有一部具有里程碑意义的著作，也是一直到今天，研究这段历史的人不能不读的著作，那就是陈寅恪先生的《隋唐制度渊源略论稿》。

这本书的书名中，藏着几个容易产生误解的字。作者把这本书叫作"稿"，表示未完成，只是先拿出来给大家看的稿本，还需要修订。这是陈寅恪的谦让习惯，事实上这本书内容非常完整，立论也很坚实，已经是定本。另外，"略论"二字也不算精确，因为这本书已经网罗了与此题目相关的主要史料，进行了详密的探讨，提出了非常精彩的论证，一点都不疏略。

最重要的是，书名提到的是"隋唐"，但实际处理的，主要不是隋朝、唐朝的历史，而是要追索其"渊源"，也就是要追溯隋朝、唐朝种种制度的来历。

这本书最大的成就和最大的贡献，在于纠正了过去“正统史观”重南朝轻北朝的偏见，突显了北朝的重要性。传统史学对这段历史时期虽然并称“南北朝”，但在概念中毕竟还是“重南轻北”，也就是从“朝代史观”的连贯性来说，朝代排列顺序是魏、西晋、东晋、宋、齐、梁、陈、隋、唐……这样的概念深入人心，后世很自然地就将北朝视为旁支，他们在看待历史变化时，也经常忽略了北朝的影响。

陈寅恪的著作在史学史上的意义之一是，重新定位了北朝的重要性，并提醒大家隋朝、唐朝真正的源头在何处。隋朝的开国皇帝杨坚和唐朝的开国皇帝李渊，他们都来自北方，在建国之前亲历了北魏分裂的东魏、西魏被北齐、北周替代等一系列变化，相对而言，杨坚和李渊与南方的南朝并没有那么密切的关系。先入为主的“正统史观”从南朝的角度看隋朝、唐朝，就会有所偏差。陈寅恪以坚实的史证指出，要了解隋唐的制度，我们必须将眼光从南朝移开，好好看看北朝。

另外，这本书也绝对不是“稿”，不是“略论”，而是比大部分中古史著作都更丰富、更有说服力，尤其体现在以下两点。

第一，陈寅恪要呈现的不仅是隋唐与北朝的普通的传承关系，比如政权更迭上的延续性，而是扎扎实实的“制度渊源”。过去对隋唐与北朝的渊源有一些松散、普遍的说法，比如强调李家可能有“外族”血统，因此他们对家庭、家族的观念与汉族的传统思想不一样，人们以此解释为何会发生兄弟互相残杀的“玄武门之变”等。

但这不是陈寅恪要谈的内容。他在书中呈现的是，北朝对隋唐最大、最深远的影响，是制度。北朝构想、制定和实施的制度，决定了后来的隋唐会变成一个什么样的帝国。隋唐是中国的“第二帝国”，与之前的秦汉帝国有很大的不同，我们必须通过考察北朝的制度演进，才能真正说清楚从秦汉帝国走向隋唐帝国的过程。

第二，陈寅恪还论证了，某项制度源自北朝，不能被简单地看作源自外族，或源自游牧民族。对隋唐产生关键影响的这些制度，不是直接从草原带进中原的，而是在北方，原有的汉人文化与新进来的外族生活、外族组织之间漫长融合的结果，如此，出现了一种既非北方汉人，也非游牧民族的新思考、新精神。如果没有这种新思考、新精神，新的隋唐帝国便无从成立。

02

鲜卑拓跋氏在中原边境的早期发展

《隋唐制度渊源略论稿》揭示了中国历史上不同民族文化互动融合的过程，格外值得重视。这部著作的启发：我们不是要粗枝大叶地谈论游牧民族如何被汉化，或反过来游牧民族的习俗文化如何改变了汉民族，而是要细致地考察，某个特定游牧民族的某种习俗或文化，以何种方式与汉人既有的政治或社会组织进行了何种程度的互动，以至于产生了某种新制度。

从这个角度出发，我们会将注意力特别放在鲜卑人中的拓跋氏部族，以及他们建立的北魏政权上。其他民族建立的其他政权，其文化融合的程度相较于北魏，大部分没有产生长远的影响，也就是说他们的很多融合成果并没有延续下来。但北魏不一样，借由北魏的融合过程，后来隋唐的诸多制度在北魏早已经成形了。

鲜卑诸部落中，较早进入中原，原本也是汉化程度较高的，是慕容氏；而拓跋氏的居所位于慕容氏西北，也就是汉朝建立了的代郡、上谷郡（今河北怀来东南）附近。在汉朝时期，这里正是汉与匈奴争战最激烈的地区，当匈奴被赶出这个地区之后，鲜卑拓跋氏移居过来，在这片“塞下地区”居留了大约一百年。

东汉后期，这片地区其实早已不在汉帝国的有效控制之下了。东汉朝廷曾经断断续续主导过几次“实边”行动，将人口移到这个北方边境地区，然而东汉的实力已不足以在这里大规模开拓，于是这里只剩下一些小型的农业聚落散布着。

对拓跋氏来说，这是历史给他们的偶然机会。他们进入这片地区，居无定所，在与汉民打交道的过程中逐渐熟悉了农业聚落，然后进一步开始学习农业生产。于是鲜卑拓跋氏本来的游牧形态先转型为畜牧加狩猎，再转型为农牧并用的初级形态。

农牧并用有一个优势，也就是农业生产的粮食可以稳定地养活较多的人口，同时却保留了机动性和战斗力所需要的畜牧和狩猎生产形态。因此，当生产转型完成之后，拓跋氏就开始向外扩张。

在扩张的过程中，按照部落原来的习惯，他们会将被打败的人民裹胁进来，有的成为奴隶，有的成为在地位上与鲜卑人没有绝对差距的归附者。归附者必须跟随拓跋氏参与后续的征伐行动。不管是吸纳奴隶还是归附者，这种习惯使得拓跋氏的部落规模不断扩大。

不过，现实状况是，拓跋氏原有的生产模式，无法负担越来越多的人口，于是人口增长带来的生产压力，使得他们必须调整生产方式，进一步向农业倾斜。而要开展有效的农业生产，让农业产出的比例有所提升，显然他们需要拥有农业经验的汉人协助。

所以当鲜卑拓跋氏扩张到了一定程度，其统治者就有意识地吸纳汉人。他们的行列中，出现了“乌桓杂人”，还有“雁门晋人”。“雁门晋人”就是住在原汉朝的代郡、雁门郡这一带的汉人，也就是汉朝施行实边政策而留下来的一些农业小聚落中的居民。“乌桓杂人”则是居住在过去乌桓曾经居住过的区域；在乌桓主部被赶出此地之后，残留的少数乌桓人与汉人混居建立了聚落，所以他们被称为“杂人”。

拓跋氏大量吸纳“乌桓杂人”和“雁门晋人”进入部落组织中，从而得以快速地发展农业，再借农业带来的生产效应，支撑了因扩张而增加的人口。公元 4 世纪，拓跋氏占据的地理位置表面上看没有太大的改变，然而他们的实力一直在不断提升。

03

拓跋珪因祸得福，入主中原

东晋十六国时期，拓跋氏形成了较大型的部落联盟，其共主是什翼犍（320—377 年）。然而，氐人在苻坚的统领下快速崛起，往北攻击什翼犍，打败了什翼犍。胜利者苻坚为了削弱北方的威胁，刻意分散拓跋氏，强迫他们移居。《晋书·苻坚载记》说："散其部落于汉鄣边故地，立尉、监行事，官僚领押，课之治业营生，三五取丁，优复三年无税租。"

一些拓跋氏部落被苻坚带着往南迁移，进入了原本刻意保留出来的汉人与外族的缓冲区域。苻坚让他们享受三年赋税上的优待，以便他们在这里定居。苻坚也派人监督这些迁移过来的人，不准他们离开。显然，在苻坚的认知中，鲜卑拓跋氏已经是一个拥有农业能力的草原民族，所以要将他们迁移过来，成为他统治之下的农业新生力军。而苻坚的举措，又让拓跋氏参与农业生产，拓跋氏部落进一步农业化。

除了前燕、后燕之外的北方地区，一度都在苻坚的统治之下。在王猛的辅佐下，苻坚实力大增，后举兵南下，想要一并占领东晋所据有的南方地区，统一天下，却在淝水之战（383年）中大败。苻坚败后，北方又陷入大乱，拓跋氏却因祸得福，他们已经迁到了“鄣边故地”，此时很容易趁乱进入中原。

北魏开国皇帝拓跋珪（386—409年在位）原本是什翼犍手下的一名部将，他进入中原之后采取的第一个重要措施是与农业有关的。公元394年，拓跋珪以武力建立了第一个屯田据点，也就是后来北魏的国都平城（今山西大同）。为了经营这个地方，他将周围包括山东六州的百姓和更东边高句丽的人民迁移了三十六万口过来，再加上十多万的“百工伎巧”，为创建都城打下了初步的基础。

三年之后，即公元397年，拓跋珪打败了慕容宝统治的后燕，这不仅是鲜卑部族内部的征战胜利，而且借由这场胜利，拓跋珪得以将后燕的两万多“公卿尚书将吏士卒”予以收编。慕容氏是最早进入中原的鲜卑族人，汉化程度比较深，最早与氐族争夺北方汉人的世族势力，因而被收编进拓跋氏政权的两万多人中，显然有大批汉人，并且包括部分北方豪族世家的人。

也就是说，由北方世族建构、统领的一套官僚体系，在拓跋氏战胜慕容氏之后，由后燕朝廷转移给了原本缺乏国家统治经验的拓跋氏。因此，拓跋氏得以在短时间内快速提升其在中原的统治能

鲜卑武士塑像，1948 年发掘于河北景县

力。在获得官僚系统的同时，拓跋氏政权还获得了后燕“所传皇帝玺绶、国书、府库珍宝，簿列数万”，也就是完整的皇权运转所需的配套机制。于是拓跋珪可以正式即位，做一个中国皇帝了。

灭后燕的第二年，即公元 398 年，拓跋珪改年号为“天赐”，正式称帝。

04

吸纳世家大族是外族政权的生存之道

打败慕容宝，接收了后燕的政治资源之后，拓跋珪进一步与汉人接触，更认识到了汉人的重要性。此时有两个汉人进入北魏朝廷，发挥了很大的影响，一个是燕凤，一个是崔宏——后来为了避孝文帝拓跋宏的名讳，史书通称崔宏为崔玄伯。

《魏书·燕凤传》记载："燕凤，字子章，代人也。好学，博综经史，明习阴阳谶纬。昭成素闻其名，使人以礼迎致之。凤不应聘。乃命诸军围代城，谓城人曰：'燕凤不来，吾将屠汝。'代人惧，送凤。"燕凤是代郡的人，所学的是汉朝的旧学问，经学和史学，还有阴阳、谶纬之学。拓跋氏听闻他的名声，客客气气邀他入朝当官，燕凤不答应。然而拓跋氏对燕凤势在必得，请不来就动武，派兵包围了燕凤所在的代城，恐吓城内的百姓：如果燕凤坚持不入朝，拓跋氏军队就屠城。代城的人吓得赶紧将燕凤送过去。

那崔玄伯呢？《魏书·崔玄伯传》记载：“太祖征慕容宝，次于常山，玄伯弃郡，东走海滨。太祖素闻其名，遣骑追求，执送于军门。”崔玄伯本来住在常山郡，拓跋氏攻伐后燕时，部队停留在常山，崔玄伯就逃到海边去了。为什么要逃到海边？因为他太有名了，拓跋珪肯定不会放过他。但拓跋珪还是派了人去追，把崔玄伯抓到部队里了。

也就是说，这两个人原先都不想与拓跋氏合作，是拓跋氏慕其声名，用了强迫的手段逼他们就范的。他们的名气是怎么来的呢？他们都是北方世族大姓，燕凤代表代郡燕家，崔玄伯代表清河崔家。

西晋永嘉之乱后，跟随司马氏南迁的大族，一般是与皇室最亲近也就是当时地位最高的世族。留在北方的世族，相对而言地位低一些。去了南方的大姓与当地“吴姓”互动协调，共同扶持司马氏政权，他们的地位比皇室还高。留在北方的大姓就没那么容易过日子了，他们反复遭遇政权更迭，而且必须时常与各个外族周旋。

他们的基本策略是“以坞堡自守”，也就是以家族为单位组成防卫系统，阻止军队和政权的侵扰。于是，构成坞堡的家族成员就越发重要，家族的观念也就更强了。

“姓族”大于“家族”，在相对安定的南方，“姓族”作为扩大团结势力的因素，其重要性高过个别的“家族”；然而在北方，“姓族”虽然还在，但真遇到动乱时，同姓、同郡望的人是发挥不了实质的保护作用的，只有“家族”才是最切身的防卫组织，因而“家族”的重要性上升，“姓族”下降。

北方不同的家族有不同的策略，也有不同的遭遇。“以坞堡自守”的家族，有的守得住，有的守不住。整体而言，世族“以坞堡自守”的能力在持续动荡中不断削弱，永嘉之乱超过半个世纪后，世族大姓普遍无法自外于动乱，都必须以某种方式与他不熟悉的外族，以及拥有草原遗风的游牧民族政权合作，甚至妥协。

这些世族大姓在社会上仍有很大的影响力，进入中原的外族，如果想要建立稳定的统治，就得找到合适的汉人社会精英来合作。拓跋珪已经学到了这一点，所以他会锁定代郡的燕凤和清河的崔玄伯，无论如何要将他们纳入政权系统中。

05

崔玄伯和崔浩相继参与北魏政权

在攻打慕容宝的过程中，拓跋珪就知道运用汉人的姓族、家族网络，威逼利诱像燕凤、崔玄伯这样的人与他合作。称帝改年号的同时，他又兴建平城作为国都。也就是说，鲜卑拓跋氏从最早的游牧民族，变成畜牧加狩猎的民族，再转型为农牧并行的民族，这时候他们已经懂得以屯田厚植实力，并且在吸纳汉人进入决策圈后，开始筑城。筑城就是彻底选择定居生活，完全放弃了游牧生产方式的流动性。

公元400年左右，拓跋氏不仅进入了农业形态，而且进入了城居生活，这样的变化意义重大。另一件意义重大的事，就是此时北方最有地位的世族大姓——崔玄伯所属的清河崔氏，正式与拓跋氏合作。

《魏书·崔玄伯传》记载："太祖常引问古今旧事，王者制度，治世之则。玄伯陈古人制作之体，及明君贤臣，往代废兴之由，甚合上意。未尝謇谔忤旨，亦不谄谀苟容。及太祖季年，大臣多犯威怒，玄伯独无谴者，由于此也。"

崔玄伯的作用，在于为拓跋珪提供关于汉人统治的知识，教给他中国过去的帝王历史，以及历史中所积累的传统智慧。拓跋珪明白这是他迫切需要的，所以他特别礼遇崔玄伯，崔玄伯在拓跋珪面前不卑不亢。拓跋珪晚年变得跋扈暴躁，很容易发怒，但他就是不会用对待其他大臣的方式对待崔玄伯。

崔玄伯的风格，以及他与拓跋氏合作的立场，由他的儿子崔浩继承。《魏书·崔浩传》如此说崔浩："少好文学，博览经史，玄象阴阳，百家之言，无不关综，研精义理，时人莫及。弱冠为直郎。天兴中，给事秘书，转著作郎。太祖以其工书，常置左右。太祖季年，威严颇峻，宫省左右多以微过得罪，莫不逃隐，避目下之变，浩独恭勤不怠，或终日不归。太祖知之，辄命赐以御粥。其砥直任时，不为穷通改节，皆此类也。"

出身世家大族的崔浩当然受过一定的知识训练，当时北方世族内部的教育仍然很严谨，所教导的还是汉朝的经史学问和阴阳百家，显现出世族根深蒂固的保守性。崔浩很年轻的时候就进入了朝廷，他的字写得很好，所以拓跋珪常常把他带在身边。拓跋珪晚年很严厉，一点点小过错都不放过，在皇帝身边服侍很不容易，所以大部分人都是能逃就逃，能避就避，先躲过皇帝这一阵子的怒气再说。只有崔浩不逃不躲，甚至整天待在皇帝身边，连家都不回。他是这样一个有原则、能坚持的人。

崔家两代参与北魏政权，扮演了特殊的角色，不过崔浩所抱持的态度，以及他得到太祖重视的方式，其实是与他的信念有所抵触的。而崔浩比他的父亲崔玄伯更在意“世族”和“姓族”的内涵。他在家庭教育中学到的，就是身为世族所具备的强烈荣誉感；世族面对鲜卑皇帝时，理应是带着优越感的，他却选择压抑这份优越感，低调地服侍拓跋珪。

这里显现的是，比起南方的世族，北方的世族必须更有弹性。他们无法像南方世族那样联合起来对抗皇权，获得高于皇帝的地位，而这样的弹性又不会让他们放弃世族的自我尊严。他们与皇权之间的紧张不只是在表面，更是存在于他们的内心。我们可以运用“心理史学”的观念和方法，探索他们内心的矛盾冲突，以此理解他们的行为。

06

崔浩的心态和理想

崔浩随父亲进入北魏朝廷，在道武帝拓跋珪晚年时受这位皇帝重视，然后在太武帝拓跋焘（423—452 年在位）即位后，进一步获得大权。按照《魏书·崔浩传》的记载，拓跋焘倚重崔浩到了这样的程度："世祖每幸浩第，多问以异事。或仓卒不及束带，奉进蔬食，不暇精美。世祖为举匕箸，或立尝而旋。"意思是，皇帝每每遇到奇怪不解之事，就直接到崔浩家里。皇帝突然造访，崔浩连正式的衣冠都没办法穿戴好，也来不及准备精美的食物进奉给皇帝。皇帝也不在意，常常只是礼貌地举起筷子，随便吃一口，就起身走了。

有一次，拓跋焘命人赞颂群臣，歌中有这么一句"智如崔浩，廉如道生"。在太武帝心目中，最廉洁的是长孙道生，最有智慧的就是崔浩。《魏书·崔浩传》还记载了这么一件事：

> 又召新降高车渠帅数百人，赐酒食于前。世祖指浩以示之，曰："汝曹视此人，尪纤懦弱，手不能弯弓持矛，其胸中所怀，乃逾于甲兵。朕始时虽有征讨之意，而虑不自决，前后克捷，皆此人导吾令至此也。"乃敕诸尚书曰："凡军国大计，卿等所不能决，皆先咨浩，然后施行。"

拓跋焘降伏了高车，招来几百名高车的将士，赐给他们酒食。拓跋焘特别指着崔浩对他们说："你们看看这个人，文质彬彬，弱不禁风，他的手没法弯弓，也拿不起矛，但是他心里面有的，胜过大军。我一开始产生了征伐的念头，却犹豫不决，但后来不仅打了，而且打了胜仗，就是这个人引导我、教我应该怎么做。"借此机会，拓跋焘刻意下令给诸尚书："以后遇到大事，你们有疑虑无法做决定的，就去问崔浩，得到他的意见之后再施行。"

虽然崔浩能够如此影响拓跋焘，并且拥有如此大的权力，但是他念兹在兹，最想做的事情却不是帮助皇帝统一天下。那么，他的理想是什么？辅佐拓跋焘统一北方之后，崔浩并没有鼓励拓跋焘带领北方外族的力量南进，他要实现的政治目标是"齐整人伦，分明姓族"。

"分明姓族"四个字明确指出，崔浩的目标是恢复从汉末到魏晋建立起来的门第秩序，不仅分别门第与非门第，而且门第内部也必须有清晰的高下之分。对崔浩来说，这才是人伦秩序，而他深信的正是这种依照家族血统和家族教育修养对人进行排列的层级观念，要用这种层级秩序重建社会。

崔浩显然完全不掩藏他的这份政治信念。北方地区经过几十年大乱，有些姓族没落，有些姓族兴起，而原本处于世族最顶端的清河崔氏，现在却与另一个崔氏——博陵崔氏混淆。这对崔浩来说如同入侵，难以忍受。他要用自己取得的政治权力，逆转这样的变化，严整姓族，并且固化这些姓族的高下排名。

同样出身北方世族大姓范阳卢家的卢玄劝崔浩三思，认为尽管“齐整人伦，分明姓族”很重要，却也要看当前是不是适当的时机。在当前的情况下，会有多少人乐于支持崔浩做这样的事呢？

但崔浩听不进去，决心运用他从拓跋焘那里获得的权力，执行这项政策。对于他的坚强意志、他的固执，我们只能从他过去长期压抑自己的世族优越感，委屈自己服侍拓跋氏的心理状态来理解。

07

崔浩重整门第秩序

公元431年，北魏世祖拓跋焘下了一道诏令，这份诏令显然是出自崔浩之手：

顷逆命纵逸，方夏未宁，戎车屡驾，不遑休息。今二寇摧殄，士马无为，方将偃武修文，遵太平之化，理废职，举逸民，拔起幽穷，延登俊乂，昧旦思求，想遇师辅，虽殷宗之梦板筑，罔以加也。访诸有司，咸称范阳卢玄、博陵崔绰、赵郡李灵、河间邢颖、勃海高允、广平游雅、太原张伟等，皆贤俊之胄，冠冕州邦，有羽仪之用。诗不云乎，"鹤鸣九皋，声闻于天"，庶得其人，任之政事，共臻邕熙之美。易曰："我有好爵，吾与尔縻之。"如玄之比，隐迹衡门、不耀名誉者，尽敕州郡以礼发遣。

诏书说，经历了各种动乱，好不容易降伏了两个主要的敌人，可以好好治理国家了，其中最重要的，就是启用合适的人才。认真探访考察，就能发现真正的人才在哪里。大家公推：范阳卢玄、博陵崔绰、赵郡李灵、河间邢颖、勃海高允、广平游雅、太原张伟等人，是朝廷最该重用的。

值得注意的是，这份人才名单列出的不是卢玄、崔绰、李灵、邢颖、高允这些名字，而是在每个人名前面都加上了郡望，明确显示这些人都是出自世族大姓。朝廷得重用他们，将国家主要的政事交付给他们处理，也就是将朝廷在实际上变成一个世族的朝廷。

第二年，即公元432年，拓跋焘又有一道诏书说：

朕除伪平暴，征讨累年，思得英贤，缉熙治道，故诏州郡搜扬隐逸，进举贤俊。古之君子，养志衡门，德成业就，才为世使。或雍容雅步，三命而后至；或栖栖遑遑，负鼎而自达。虽徇尚不同，济时一也。诸召人皆当以礼申谕，任其进退，何逼遣之有也！此刺史、守宰宣扬失旨，岂复光益，乃所以彰朕不德。自今以后，各令乡闾推举，守宰但宣朕虚心求贤之意。既至，当待以不次之举，随才文武，任之政事。其明宣敕，咸使闻知。

皇帝表示，在战事告一段落后，急需治理人才，所以要州郡帮忙举荐。皇帝很清楚真正的人才需要时间培养，在品德和志气上各有其特性，要召用这样的人才，当然一定要待之以礼。然而本该负责此事的刺史、守宰却在举才过程中没有遵守这样的原则，反而得罪了这些人才。所以皇帝要求守宰只需要传达皇帝虚心求才的意思，推举人才这件事情完全交给“乡闾”。实际上，这就是要将朝廷的人事晋用权力从官僚体系的刺史、守宰手中拿走，交给各地门第大姓。

崔浩的门第观念很重，重到他不仅要分别世族和寒门，而且要在世族内部进一步进行区分。比如，北魏的“安西将军”李顺是一个有战功的汉人，在朝廷中地位很高。崔浩的弟弟娶了李顺的妹妹，崔浩的侄子又娶了李顺的女儿，两家的姻亲关系很密切，然而崔浩却始终认定，这样的关系是看皇帝的面子才建立起来的。他也始终保持对李顺的轻视态度，理由无他，李顺不能算是大姓，在世族中分量不够。

崔浩替北魏政权拉拢了北方世族大姓，这的确是让北魏与之前的北方政权有所区别的关键。北魏世祖拓跋焘在位时，命令高允作了一篇《征士颂》，罗列了皇帝任用的杰出人才，表彰这一朝的功绩。《征士颂》一共列了三十四个人，而他们的排名顺序，按照范阳卢氏、博陵崔氏、广宁燕氏、广宁常氏、渤海高氏、勃海李氏等，依次罗列。

《征士颂》中的人名是按照地方郡望排列的，展现的是崔浩“整齐姓族”的成效，也就是说，郡望高下理所当然地成了朝廷选用人才的标准。

08

攻打凉州背后的政治路线之争

崔浩的态度也会引发一个基本问题：看待汉人时如此讲究郡望、姓族高下差异的崔浩，会如何看待跟随拓跋氏进入中原的鲜卑贵族呢？

《魏书》里有一段记载，出身鲜卑世家的陆叡，承袭父亲的爵位，被封为“辅军大将军”“平原王”，可说是身份显赫。他娶了徐州刺史崔鉴的女儿，不过这婚姻的关键显然不在于崔鉴的官位，而在于他出身“博陵崔家”。谈起这桩婚事，崔鉴对亲戚感叹说，这女婿人才和品格都不错，但我就是讨厌“其姓名殊为重复”。

原来成亲的时候，陆叡还不叫陆叡，他用的是原来的鲜卑名，叫“伏鹿孤贺鹿浑”。崔鉴那是含蓄、客气的说法，说“但就是讨厌他的名字那么啰唆”，其实真正要表达的，还是看不起鲜卑人的态度。

由于崔浩的努力，北方大族纷纷进入北魏朝廷，发挥了稳定北方的作用。然而，世族大姓在朝廷上那么有影响力，一定使得出身寒门的人很不舒服。同样不舒服的，应该还有感受到被歧视、被轻视的鲜卑贵族。

崔玄伯、崔浩父子一方面尽心尽力服务拓跋氏政权，另一方面又对拓跋氏以外的鲜卑贵族带着基于出身世族大姓而有的优越感，这样的情况长期发展，必然会出问题。

北魏平定北方大部分地区之后，崔浩建议拓跋焘应该出兵攻打凉州。他主要不是为了扩张北魏的领土，而是因为凉州是永嘉之乱后，大量中原世族大姓的避居之所。崔浩要将避难到凉州的这些姓族拉拢过来，作为他"整齐姓族"政策中的一环。

《魏书·世祖纪》记载："初，世祖之伐河西也，李顺等咸言姑臧无水草，不可行师。恭宗有疑色。及车驾至姑臧，乃诏恭宗曰：'姑臧城东西门外涌泉合于城北，其大如河。自余沟渠流入泽中，其间乃无燥地。泽草茂盛，可供大军数年。人之多言，亦可恶也。故有此敕，以释汝疑。'"

拓跋焘打算攻打凉州，李顺带头表示反对，理由是姑臧（即凉州）环境太差，无法提供部队所需，而后来的北魏恭宗，当时的太子拓跋晃，也表达了同样的疑问。拓跋焘到了姑臧，就下诏指责太子，明确地说："你看，这里东边有泉，西边有泉，两股水流在城北汇流，构成一条河，附近草木极为茂盛，足足可以供大军几年之用。那些提反对意见的人，真的很讨厌，因为看你也在怀疑这次行动，觉得他们有道理，所以我特别下这道敕书让你明白。”

这件事的背景，其实是李顺他们这批“多言之人”此时聚集在太子身边，形成了一股势力。这股势力最大的特色，就在于反对崔浩推行的世族大姓政治路线。

《魏书·李顺传》也记载了这件事：“五年，议征凉州，顺议以凉州乏水草，不宜远征。与崔浩庭诤。浩固执以为宜征。世祖从浩议。及至姑臧，甚丰水草。世祖与恭宗书以言其事，颇衔顺。……凉土既平，诏顺差次群臣，赐以爵位。顺颇受纳，品第不平。凉州人徐桀发其事。浩又毁之，云：‘顺昔受牧犍父子重赂，每言凉州无水草，不可行师。及陛下至姑臧，水草丰足。其诈如此，几误国事。不忠若是，反言臣谗之于陛下。’世祖大怒，真君三年遂刑顺于城西。”

公元439年，因攻打凉州的事，李顺在世祖皇帝面前与崔浩发生冲突吵起来了，崔浩坚持应该出兵，世祖也站在崔浩这边。出兵之后，看到姑臧的水草条件，世祖就降书指责太子，对李顺很不以为然。凉州打下来之后，世祖将处理凉州朝廷群臣的工作交给李顺。李顺收受贿赂，没有公平处理，后来被凉州人徐桀告发，崔浩就趁机将李顺反对攻打凉州的事情重提一次，导致李顺被杀。

《魏书》如此描述这件事：“浩构害李顺。”显然，崔浩完全没有顾及与李顺家族的姻亲关系，便果断害死了李顺。因为在崔浩心中，比姻亲关系更重要的是世族与寒门之间的地位之别，以及二者之间的立场之分。

09

攻打柔然和修筑长城

另一位与崔浩起冲突的大臣，是出身“细族”的刘洁。崔浩与刘洁的冲突也是很有代表性的事件。《魏书·刘洁传》如此记载：

洁朝夕在枢密，深见委任，性既刚直，恃宠自专。世祖心稍不平。时议伐蠕蠕，洁意不欲，言于世祖曰：“虏非有邑居，迁徙无常，前来出军，无所擒获，不如广农积谷，以待其来。”群臣皆从其议。世祖决行，乃问于崔浩，浩固言可伐。世祖从浩议。既出，与诸将期会鹿浑谷。而洁恨其计不用，欲沮诸将，乃矫诏更期，故诸将不至。……停鹿浑谷六日，诸将犹不进。贼已远遁，追至石水，不及而还。师次漠中，粮尽，士卒多死。洁阴使人惊军，劝世祖弃军轻还，世祖不从。洁以军行无功，奏归罪于崔浩。

世祖曰："诸将后期，及贼不击，罪在诸将，岂在于浩？"浩又言洁矫诏，事遂发。舆驾至五原，收洁幽之。

刘洁在北魏朝中颇受重要，当时朝廷讨论一件大事，就是要不要征伐"蠕蠕"，也就是后来被称为"柔然"的这个北方游牧民族。鲜卑拓跋氏进入中原后，"蠕蠕"便在他们的旧居地附近兴起。从对柔然的称呼，就看得出拓跋氏的汉化程度，已经到了随汉人习惯，将非我族类的群体用"虫"字旁的字给他们命名。

刘洁明确表示反对攻打"蠕蠕"，因为"蠕蠕"是"虏"，是居无定所的游牧部落，所以与其出兵攻打他们，不如在定点上守卫准备，等他们来犯时再予以攻灭。当时刘洁是皇帝面前的红人，大家都附和他的意见，都说不应该出兵。

但有一个人在皇帝面前比刘洁更有影响力，那当然就是崔浩。皇帝听取了刘洁的意见，已经不打算出兵了，但还是要问一问崔浩。崔浩认为应该攻打柔然，于是，皇帝改变了心意，接受崔浩的建议，决定出兵。

面对这样的事态，刘洁心中很不满，尤其是原本已经做出的不用出兵的决定，却被崔浩破坏了。于是，刘洁就在军事行动中搞鬼。北魏出兵后，本来约好各路大军在鹿浑谷会师，但是刘洁假造命令，让各路人马无法同时到达鹿浑谷。交战中遇到好机会，刘洁却阻止太子出兵，最后导致一支北魏大军陷在沙漠里，因为没有后援粮草而遭受重大损失。刘洁这么做，就是想要让皇帝放弃这次行动，并且以此证明崔浩的意见是错的，让皇帝怪罪崔浩。

世祖拓跋焘却还是站在崔浩这边，说战事失利不是崔浩的错，是诸将该到却未到。崔浩知道刘洁要斗他，就揭发了刘洁假造命令的事，于是，不仅刘洁，还有与刘洁同伙的几位大臣，都遭到“夷三族”的严厉惩罚，一下子有百余人被处死。

与崔浩发生如此严重冲突的李顺、刘洁，都不是世族大姓，而且他们都与太子有密切关系，这样的身份差异造成紧张关系，显然不是偶然。

攻打柔然失败后，拓跋氏政权做了两个重要决定：一个是“设六镇”，另一个是“筑长城”。前者是为了保护自己的发源地，对北魏后来的历史发展产生了深远的影响。

不过，奇怪的是后者。北魏进行了大规模动员，前后修筑了两千余里的长城，有部分遗迹至今尚存，是非常古老的长城遗迹。修筑长城，表明拓跋氏的角色已经彻底翻转，从原本位于北方草原要攻入农业地区的游牧民族，成了在南方农业地区修筑长城防堵北方游牧民族的政权。

这也就意味着，拓跋氏已经倒向农业这一边了，已经转变为一个以农业生产为其经济基础的社会。他们看待柔然的眼光，就是原本汉人看到北方游牧民族的眼光，他们看到的是劫掠，是威胁，也就承袭了汉人的方法，选择修筑长城予以阻挡。

他们现在已经学会了修建城墙。他们兴建了国都平城，后来还兴建了更雄伟的洛阳城。不过，经济结构转化为农业的同时，上层结构并不必然顺理成章地相应改变。人们的思想观念和生活习惯中，仍然保留了许多过去的成分，经济结构与上层结构之间存在着一定程度的不协调。

崔浩在这样的过渡时期发挥了特殊的作用。他在鲜卑拓跋氏政权彻底农业化的过程中，获得了极大的权力，并运用他的权力来推动“分明姓族”的政治举措。这些“姓族”是传统文化在北方最重要的保存者。在崔浩的坚持和影响下，北魏在农业化过程中，并没有发展出一个“保留鲜卑特色的农业社会”，而是整个鲜卑社会向既有的汉文化一边倒，将“农业”下层结构和“汉化”上层结构牢牢地联系起来。

拓跋氏曾经两度尝试发明自己的文字，第一次发明了一千多个字，第二次甚至还编写了字典，据说收录多达四万字。但这仅仅止于“据说”，因为这些鲜卑文字都没有存留下来。也就是说鲜卑人本来有企图，也有可能创造自身新形态的农业文明，不一定要走“汉化”的道路，更遑论走得那么急、那么远。在历史中，他们的汉化过程，很大程度上由崔浩带领而进行。

10

崔浩之死

在崔浩的坚持下，北魏进攻凉州，而且顺利地把凉州攻打下来了。并不是很支持“分明姓族”政策的李顺随后被杀，而且原本避居凉州的北方大姓大族，在战争之后又集体进入北魏朝廷。这些事情的发生，进一步提高了崔浩的地位。

这一连串的变化，必然使得与李顺一样出身寒门的人，备感威胁。除此之外，朝廷里另一群人也越来越觉得坐立难安，那就是鲜卑贵族。

世祖拓跋焘重用崔浩，有一部分原因是，早在他爷爷太祖皇帝拓跋珪在位时，崔浩的父亲崔玄伯特别建议拓跋珪让太子就任“监国”，也就是皇帝提早赋予太子权力，让他学习如何治国。等到世祖立了太子拓跋晃，也就是后来的恭宗（追谥景穆帝），很自然地就袭用原来的制度，让太子在“监国”的位子上提前掌权治国。拓跋晃当“监国”，他的身边有四个辅政大臣，其中三个是鲜卑贵族，只有一个是汉人。这唯一的汉人辅政大臣就是崔浩。

有前朝案例可循，崔浩当然没有理由反对这样的做法。不过此时，崔浩在北魏朝廷的实质权力已到达顶点，而太子就任“监国”，也就意味着在皇帝之下，同时存在两个皇帝权力的代理人，这两人之间很难不起冲突。

冲突的基本缘由，必然围绕着崔浩“分明姓族”的政治路线。于是，不属于崔浩要提拔的“姓族”中的势力，包括汉人寒门和鲜卑贵族，就齐聚在太子身边，他们借着共同敌人的因素，团结起来。

崔浩与太子之间的政治斗争，因“国史之狱”这根导火索而爆发。“国史之狱”究竟是怎么回事，《魏书》记载不详，后世流传两种说法。按照唐朝刘知几在《史通》中的说法，那是崔浩奉命整理拓跋氏的“国史”，在“国史”中记载拓跋氏是汉武帝时投降匈奴的名将李陵的后裔，也就是说拓跋氏其实不是鲜卑人，而是汉人，所以才能建立如此功业。

另一个说法源自《魏书》，书里记载崔浩修的国史“尽述国事，备而不典”。八个字中，既说“尽”，又说“备”，出的问题应该在于崔浩说得太多、太详细了。“备而不典”，意味着崔浩没有用应有的庄重态度选择写入“国史”的材料，也就是没有替拓跋氏的先祖避讳，写进了许多乱七八糟的事情。这些记载或许反映了崔浩内心潜藏的对鲜卑“蛮族”根深蒂固的鄙视。

无论崔浩在“国史”中真的写了些什么，其中的关键显然不在于怎么写“国史”，这只不过导火索，是反对崔浩的太子集团能抓住的把柄、借口，逮住机会发动大案，试图一鼓作气，将崔浩除之而后快。

“国史之狱”导致崔浩被杀，清河崔氏、范阳卢氏、太原郭氏、河东柳氏这几个大姓都受到牵连，这对北魏的世族势力而言，当然是一大挫败。然而，即使崔浩被杀，北方世族遭受这么大的失败，这个时候也已经没有任何势力能够逆转崔浩在北魏建立的汉化基础和方向了。

11

孝文帝“吊比干碑”揭示的北魏时局

北魏的下层结构已经农业化，上层结构也在崔浩的政策推动下明确地朝着汉化的方向转变，二者彼此配合，很难逆转了。北魏接下来必须处理的问题是，汉人与鲜卑人如何共存、如何相处。这个问题一直困扰着北魏朝廷，直到崔浩死后四十几年，孝文帝拓跋宏决定通过迁都洛阳彻底解决这个遗留问题。

迁都是一件大事。北魏皇帝要从平城迁到洛阳，必然引发部分鲜卑贵族的强烈反对。孝文帝想到一个策略，他做了个姿态，表示要效法百年前的苻坚的野心，出兵攻打南朝。在途中，孝文帝经过传说中的“比干墓”，郑重其事地凭吊了这位商纣王时期的忠心大臣，还留下了一篇《吊比干文》，刻在这面“吊比干碑”之上。

“吊比干碑”很重要，不是因为比干在北魏历史上有什么特殊意义，甚至也不是孝文帝祭吊比干有什么特殊的象征性，而是“吊比干碑”上罗列当时随孝文帝南下的重要大臣。要知道，这时候孝文帝宣称的目的不是要建都洛阳，而是要攻打南朝。“吊比干碑”上记录的随祭者一共有八十二人，其中能够确认身份来历的，中原世族占了四十个，“帝室十姓”和与拓跋氏关系密切的十个姓，加起来占了二十个，近支宗室成员占了十二个，还有十个是功勋。

也就是说，即使是在崔浩被杀后四十几年，围绕在北魏皇帝身边的，主要还是北方汉人世族。他们随孝文帝南下兴建新都洛阳，影响并协助孝文帝进行全面的汉化改革。这样的做法最终导致北魏分裂，先分裂为东魏和西魏，后来又分别被北齐和北周取代。这些变化都源自拓跋氏与北方世族的合作。

理解崔浩，我们才能理解北魏政权的特色，也才能探索“隋唐制度渊源”。隋唐制度从何而来？很大程度上是北方世族大姓与鲜卑民族长久互动、反复磨合，最终奠定北魏政权的制度根基，从此决定了将来继承北周的隋唐会成为怎样的朝代，以及建立了一个什么样的帝国。

附件：“吊比干碑”碑阴所录随祭人名

使持节、骠骑大将军、都督司豫荆郢洛东荆六州诸军事、开府、司州牧、咸阳王臣河南郡元禧

侍中、司徒公、都督中外诸军事、太子太师、驸马、长乐郡开

国公臣长乐郡冯诞

使持节、司空公、太子太傅、长乐公臣河南郡丘目陵亮

特进、太子太保、广陵王臣河南郡元羽

侍中、始平王臣河南郡元勰

兼尚书右仆射、吏部尚书、任城王臣河南郡元澄

散骑常侍、祭酒、光禄勋卿、高阳伯臣河南郡元征

太子右詹事、姑臧伯臣陇西郡李韶

散骑常侍、北海王臣河南郡元详

散骑常侍、领司宗中大夫臣河南郡元景

散骑常侍臣河南郡元纂

右卫将军臣河南郡元翰

光禄大夫、录太仆少卿臣高阳郡李坚

中常侍、中尹、高都子臣上党郡秦松

龙骧将军臣河南郡大野恋

司卫监臣河南郡元虬

司卫监臣河南郡万忸于劲

员外散骑常侍、光禄勋少卿、黄平子臣河南郡丘目陵纯

兼司卫监、少府少卿臣魏郡□□

给事黄门侍郎臣太原郡郭祚

给事黄门侍郎、领着作郎臣清河郡崔光

典命中大夫、太子中庶子臣广平郡游肇

羽林中郎将臣河南郡侯莫陈益

员外散骑常侍、带昌舆、给事中臣河南郡丘目陵惠

太子率更令、襄阳伯臣河南郡元尉

给事中臣河南郡乙旃恬

给事中臣河南郡乙旃免

给事中臣河南郡郁久闾麟

右军将军臣河南郡元宜

太乐给事臣长乐郡卫况

给事、领太医令臣高平郡李循

给事臣河南郡俟文福

给事臣河南郡万忸于羚

中给事、录大官令臣上党郡白敕

中给事臣高阳郡剧鴸

射声校尉臣河南郡元洛平

显武将军臣河南郡万忸于吐拔

直阁武卫中臣高车部人斛律虑

直阁武卫中臣河南郡乙旃阿各仁

直阁武卫中臣河南郡俟吕阿倪

直阁武卫中臣河南郡叱罗吐盖

直阁武卫中臣上谷郡董明惠

直阁武卫中臣代郡若干侯莫仁

直阁武卫中臣河南郡乙旃应仁

直阁武卫中臣河南郡吐难苌命

直阁武卫中臣上谷郡张代连

长兼典命、下大夫齐郡王友臣赵郡李预

兼给事黄门侍郎、员外散骑侍郎□属国下大夫臣太原郡王翔

白衣守尚书左承臣辽东郡公孙良

散骑侍郎、东郡公臣河南郡陆昕

散骑侍郎臣河南郡郁久闾敏

散骑侍郎臣中山郡甄琛

中垒将军、□闻令臣广平郡游绥

中黄门令、□典农令臣□德郡双蒙

宰官令臣河南郡伊娄愿

大官令巨鹿伯臣□□魏祐

监御令臣河南郡莫耐娄悦

符节令臣代郡贺拔舍

通直散骑侍郎臣河间郡邢峦

通直散骑侍郎臣京兆郡韦缵

武骑侍郎、□□令臣高平郡徐丹

武骑侍郎臣河南郡独孤遥

武骑侍郎臣上谷郡张覃

武骑侍郎臣河南郡乙旃侯莫干

武骑侍郎臣河南郡万忸于澄

武骑侍郎臣赵郡李华

符玺郎中臣河南郡拔臻

符玺郎中臣上谷张庆

员外散骑侍郎臣博陵郡崔广

员外散骑侍郎臣博陵郡崔逸

员外散骑侍郎臣河南郡陆怖道

尚书郎中、贝丘男臣清河郡傅脩期

尚书郎中臣荥阳郡郑长游

尚书郎中臣清河郡崔哲

尚书郎中臣河东郡裴□

尚书郎中臣辽东郡高观

尚书郎中臣赵郡李引

尚书郎中臣河内郡司马定

尚书郎中臣南阳郡朱孟孙

尚书郎中臣兰陵郡萧彦

尚书郎中臣赵郡李良轨

尚书郎中臣河东郡柳崇

第十讲

北魏的变革和瓦解

01

“均田令”是一项简单却意义重大的政策

隋唐是中国出现的第二个拥有完整帝国体制的帝国。这套帝国体制之所以完整，是因为北朝，尤其是北魏时期的准备和积累。

鲜卑拓跋氏入主中原之后，其下层经济系统快速地由原先的游牧向农业演进，然而上层组织的建立还需要更长时间，才能与下层经济结构相配合。促使北魏经济系统农业化的关键历史事件，首推孝文帝于太和九年（485年）颁布的“均田令”。

鲜卑拓跋氏曾在塞外（长城以北的中国北方地区）生活上百年，拥有屯田的经验，又曾经被苻坚强迫定居，从事农业生产，积累了不少农业生产的经验。虽然他们拥有不少农业生产经验，但是当他们开始统治中原时，仍然不知道该如何统治从事农业生产的汉人，因为他们不了解汉人的社会组织和集体生活形态。

史书记载，拓跋氏刚进入中原时，与其他外族一样，都是征用汉人帮忙打仗。一个普遍的说法，叫“驱夏人为肉篱”，也就是鲜卑人在战场上把汉人当作人肉防御系统使用。他们所理解的汉人的作用，不过是打仗时在前面组成“肉篱笆”阻挡敌军。也就是说，他们擅长使用的，是去送死的汉人，他们难以驾驭的，则是真正活着的、要继续活下去的汉人。

“均田令”之所以影响深远，是因为这个政策彻底改变了外族政权对待汉人的基本态度，开始将汉人有组织地运用在农业生产上。我们掌握的史料，不足以让我们重建孝文帝拓跋宏的朝廷是如何制定出这样一个深谋远虑的政策的完整过程，不过，仅仅看政策本身的内容，我们就能明白，这个政策背后需要很多成熟的条件相配合。

首先，制定这个政策的朝廷，必须对农业生产形态有很深入的认识。其次，这个朝廷也必须对汉人原有的生产和社会组织关系有相当程度的了解。最后，这个朝廷必须清楚当时社会实际的土地占有情况。

“均田令”的内容极其简单，就是“按口授田”——只要在朝廷管辖范围内的人民，都有资格获得土地。年满十五岁及以上的男性，国家授予“露田”四十亩，“桑田”二十亩；女性则可获得“露田”二十亩，没有“桑田”。“露田”给予的是使用权，人如果死了，田就要还给国家；“桑田”则是“永业田”，个人可以保留，也可以买卖。

人民从国家获得授田，也有相应的义务，有以生产所得实物支付的田赋，有以布匹形式支付的户调，还有以免费劳动力形式偿付的力役之征。

02

“均田令”，用智慧解决土地分配的问题

表面条文很简单的政策，其背后的思考可能很复杂，因为这个政策要应对的状况和问题都很复杂。孝文帝在太和九年能够施行“按口授田”，凭借的是北方地广人稀的基本条件，而这个条件在一定程度上也是拓跋氏政权进入中原之后，误打误撞创造出来的。拓跋氏政权为了维系与先前在塞外时同样的机动性，占据了很多原来的农业土地，把它们当作狩猎游牧之地，供他们继续训练马匹。更靠前的一个因素是，汉末以来的长期战争和动乱，使得北方人口大量死去或迁徙离开。还有一个因素则是，那些在战乱中没有离开故土的人，他们大部分选择在坞堡中自守，于是，在坞堡与坞堡之间就又出现了很多荒地。

无主的荒地很多，国家才有可能施行授田。“均田令”背后有

细致的思考，不是进行“打土豪，分田地”，将有土地之人的土地没收，分给没有土地的人，而是分配荒地。“均田令”不涉及重新分配土地所有权，这是这项政策能够落实的关键。

从中国历史上可以看得很清楚，土地关系一直都是最麻烦、最难处理的问题，很少有政权能够经受得住重新分配土地所有权带来的巨大冲击。虽然传统观念认定“溥天之下，莫非王土”，建立了土地国有的意识形态，但这仅仅是名义上的情况。涉及土地所有权的现实问题，朝廷的介入是有限的，像王莽那样强烈地主张“王田”的权利，用朝廷力量实施“限田”，即使是在西汉末年土地兼并如此严重的时代，仍然很难推动，反而激发出强大的反抗浪潮，终究成为新朝走向灭亡的关键因素。

“均田令”小心避开了重新分配土地的问题，而且在具体实施方面并不僵硬地死抠条文，反倒根据实际情况放宽执行。一个简单的思路是区分“宽乡”和“狭乡”，顾名思义，人少地多的是“宽乡”，地少人多的则是“狭乡”。“宽乡”之所以“宽”，往往是因为农业条件不好，因此，愿意居住在这种地方的人，在授田时就能得到较多的土地，有的地方甚至可以获得双倍甚至三倍的土地，以便获得土地的农户可以根据当地的生产条件，进行休耕轮种。“狭乡”则相反，无须那么多土地就能进行足够的生产，也没有那么多荒地可供分配，于是国家要么只授“露田”，不授“桑田”，或者授予的“露田”不足亩数。

授田的做法，虽然不影响豪族世家大地主原本掌控的土地，但还是会对他们的财产和势力造成威胁，必然引发他们的反对。朝廷为每个人提供可耕种的土地，这种条件会对原本属于世家大姓的部曲、佃客产生诱惑，让他们脱离既有的身份，去向朝廷领取授田，成为朝廷的编户齐民，而不再是世家大姓的私属劳动力。

对此，“均田令”特别设计了“奴婢授田”的办法，那就是，拥有奴婢身份的人，他们不是自由民，却也可以获得授田，但只能获得“露田”，没有永业的“桑田”。不自由的奴婢当然不可能自己控制土地，于是他们将这些土地交给主人，这明显是朝廷对豪族世家的补偿，让他们在损失部分佃客的同时，借由“奴婢授田”多得些土地。如此一来，就减少了豪族世家对“均田令”的反对。

03

两个微小的配套措施带来一个国家的改变

单纯授田，这还无法形成进行有序生产的制度，授田之后的各种事项要正常运作，还需要其他配套措施。

有两个配套措施在太和十年（486 年）落实，一个是“立三长”，即设立党长、里长、邻长。五户为一邻，二十五户为一里，一百二十五户为一党，分别设立管理人员。这项措施真正的重点在于，以土地为基础重建社群，并建立社群的管理机制。邻长、里长、党长的主要工作是“校比户籍”，也就是在多年混乱之后，重新统计人口和户籍，便于朝廷掌握户籍资料。若是缺乏这些资料，没有社群组织和管理机制，“均田”政策很快就会瓦解。

另一个配套措施是“新户调制”，也就是大幅降低征用户调的标准。按照原先的户调措施，一个家庭的一夫一妻大约要负担绢五匹、粟两担多，而新措施将户调标准大幅降低为绢两匹、粟一担。这也就意味着，获得国家授田的家户，对朝廷的义务减轻了，这就让许多原本依附在大地主家的农户，有更强的动机出来接受国家授田。

从授田到减轻农户负担，“均田令”有很细致的设计。户调的规定中还有一个被称为“九品混通”的原则，规定“绢二匹”是一个“中数”（一匹等于四丈）。所以，实际上并不是所有接受授田的农户都需要缴绢两匹，而是按照“九品”的标准对农户等级进行划分，规定了“中中”这一等农户应缴的标准，其他等级则“依二丈次等”，也就是说“中中”以上的“中上”要缴二匹二丈，“中上”以上的“上下”要缴三匹；相对而言，“中中”以下的“中下”则要缴一匹二丈，“中下”以下的“下上”只需缴一匹，按照所获得田地的好坏调整户调标准。

“均田令”刚颁布时（485 年），北魏朝廷能够征收到户调的，只有不到两百万户，然而到了公元520 年，也就是政策实施三十五年后，朝廷掌握的户数大幅增加到五百多万户。这不是人口的自然增长造成的，而是授田的做法有效地将过去属于大地主家的农户从国家看不到、管不到的地方吸引出来的结果。

“均田令”最大的作用便是为国家增加可以直接掌握的户数，这对土地制度和经济生产也产生了决定性的影响。在这三十多年里，自耕农的数量呈倍数增长，他们对国家的贡献也大幅提升，这种趋势由量变而质变，最后改变了北魏的国家结构。

最基本、最简单的结构改变是，拓跋氏政权原本只在打仗时利用汉人做“肉篱”，如今他们却明白了，活着的汉人才是最有用的。五百多万户的自耕农成为国家财政的主要来源，这样，北魏的国力越来越依赖农业生产，也越来越依赖从事农业生产的汉人自耕农。

04

孝文帝迁都洛阳有深谋远虑

北魏在太和九年颁布“均田令”，太和十年增加了“立三长”和“新户调制”，后来只用四五年时间，“均田制”基本上就确立了。此时，孝文帝有了余裕可以施行下一步的重大策略，那就是迁都。

北魏原来的国都在平城，也就是“代”，这座名城早在战国时期就存在，位于中国北方草原与农耕分界线上。公元494年，孝文帝将国都迁离平城，换到洛阳。迁都这样的大事，自然不可能基于单个原因，一定有多方考虑。不过，特别值得强调的是，迁都和均田令这两个举措，对北魏国家结构产生的影响，是联系在一起的，说明北魏对中原农业的依赖度越来越高。

迁都的另一个考虑，是军事上的因素。拓跋氏南迁之后，柔然在北方草原崛起，世祖伐柔然失败，只好诉诸修筑长城这种被动防御措施。拓跋氏越是被动，柔然就越是强悍，这必然威胁到平城的安全。北魏的平城相对于柔然的地理位置而言，显然太过偏北了。

迁都还有一个同样不容忽视的经济因素。拓跋氏定都平城之后，很多人以各种不同理由来到平城，居住在平城和平城周围地区，然而平城附近的地理环境却无法承受城市的膨胀，在孝文帝即位前，据史料记载，平城出现过好几次粮荒。

为什么都城地区频频出现粮荒？因为都城人口增加，过去能够供给平城使用的粮食产量，现在变得不够了。在心理上，平城地区与南边区域相比，无论是在农业生产条件还是居住条件上，都越来越让人觉得荒凉。《魏书·祖莹传》记载了一首当时人们传唱的歌，叫作《悲平城》："悲平城，驱马入云中，阴山常晦雪，荒松无罢风。"这哪像是在描述一个都城，一个政权的中心所在地呢？

刚从草原进入中原时，平城对拓跋氏政权来说，是个好地方。然而，随着他们的势力越来越往南扩张，相较于南方的景色和南方所能提供的条件，平城及其周围的环境，就越来越显得荒凉。一方面，人口增加；另一方面，都城百姓对生活的期待和要求提升，都使得平城的经营越来越困难。孝文帝在位的时候，朝廷每年都必须耗费人力物力，用牛车将粮食和其他物资从南方运来，这样的安排导致政府的负担越来越重，当然也为孝文帝带来很大的刺激，不得不认真考虑往南迁都的事。

不过孝文帝迁都洛阳除了军事和经济的考虑之外，还有文化因素的考量。文化因素的影响，体现在孝文帝最早选择的迁都之处，不是洛阳，而是以前曹魏曾经一度定都的邺城（位于今河北临漳）。邺城的位置比洛阳更靠北，而且邺城周围的农业生产状况比洛阳好。从东汉灵帝朝以来，洛阳反复经历战乱破坏，经济很难恢复。也就是说，单纯从军事和经济角度看，邺城的建都条件比洛阳更好。

然而邺城建设到一半，孝文帝拓跋宏还是放弃了邺城，改选洛阳。促成这个改变的主要力量，是观念和文化方面的。拓跋宏在这时候的自我想象，不再是鲜卑拓跋氏的族长，而是中国皇帝，他有了皇帝的自我认知，也有了要统治整个北方的野心。

05

孝文帝的激进改革举措

孝文帝拓跋宏长期与汉人接触，逐渐感染了汉人的统治观念，了解到“名”在汉人政治权力运作中的重要性。比如，孝文帝在后来大幅汉化的政策中，有一项是“禁胡语”，也就是在朝廷上不准讲鲜卑话。这项政策规定，只能讲“正音”，“正音”就是汉人的语言，只有汉语才是“正”的。这就从“名”上排除了将汉语和鲜卑语对等起来的做法，不是在两种同样通用的语言中选择这个，排除那个，而是规定这两种语言一个是“正”的，一个不是“正”的，所以要从偏斜的状态回归“正”。

“名不正则言不顺”，按照汉人的这种政治逻辑，拓跋宏自然也一心一意地想进入曾经有很多皇帝居住过的洛阳，在“名”上赋予自己中国皇帝的位阶。他知道他的鲜卑族人中会有很多人反对南迁的做法，因而他使出了一些手段。他带领军队南征，故意让随他南征的人感觉这趟军事历程充满艰险，同时将领们却又过度自信，以为仅凭这么一点点军队就可以打赢南朝。于是他们开始犹豫、担心，并且劝诫拓跋宏不要继续往南走了。拓跋宏假装勉为其难地暂停下来，停在哪里？就停在洛阳。

因为是南征过程中的停留，要保有南征的面子，大军就不能一事无成又掉头回平城去，那正好就待在洛阳吧。

拓跋宏十分明白待在北边的平城要受到鲜卑人强大的传统权力结构的牵制，也明白敲锣打鼓迁都洛阳会招来强大的阻力，因而他一方面建设邺城，一方面将人马带离平城，用这种方式创造了迁都洛阳的有利条件。

迁都洛阳之后，拓跋宏的政治方向极为明确，手段也极为激烈。他要的就是将鲜卑人快速汉化，巩固与新统治区域内汉人的关系，进一步有效地统治这个庞大的汉人社会。

孝文帝推行汉化的做法包括在朝廷里只能讲“正音”，还包括改服装的举措，即“禁胡服”。“禁胡服”禁的不仅是鲜卑的传统服装，还有汉族以外其他各族的服装，都不能出现在朝廷上。从视觉到听觉，北魏的朝廷要一致体现汉文化。

然后是改姓，而且是从拓跋宏自己的姓开始改起。改姓与改语言是联系在一起的，主要原因就在于复音的“胡姓”太明显，一贯是汉人辨识、歧视胡人的重要依据，如果不改姓，鲜卑人不可能得到汉人对等的尊重。

关于改姓，孝文帝的诏书说：“北人谓土为拓，后为跋。魏之先出于黄帝，以土德王，故为拓跋氏。夫土者，黄中之色，万物之元也；宜改姓元氏。诸功臣旧族自代来者，姓或重复，皆改之。”

诏书硬解原本从胡语发音翻译过来的“拓跋”这个姓，说“拓”是“土”的意思，“跋”是“后”的意思，表示拓跋氏属于“土”德，是同属土德的黄帝之“后”，所以得了“拓跋”这个姓。现在拓跋氏改姓，就按照这个来历，“土”是“万物之元”，一切生命源自“土”，所以改姓为“元”，拓跋宏成了“元宏”，“拓跋魏”政权也就转化成了“元魏”政权。

诏书明确要求，“姓或重复，皆改之”，指的不是姓氏重复，而是说只要不是单姓，只要姓里有超过一个字，就必须改掉，因为“姓或重复”一看就不符合汉姓一般只有一个字的惯例。

诏书用“北人”的说法确证“拓跋”的来历，也就是自己的鲜卑族的由来，刻意制造了距离感；而且诏书宣称“魏之先”是“黄帝”之后，也就是认中原的黄帝为鲜卑人的祖先，这是彻底改造部落结构乃至民族认同的激烈做法。

06

改革官制与赐死反对改革的太子

改语言、改服装、改姓，接下来相对比较简单的是改官制，援引西晋的官制表，将北魏所有的官名都汉化。然后下一步是制订《魏律》(为了与曹魏时期制定的《魏律》区分开来，又被称为《后魏律》或《北魏律》)，重点在于革除了游牧民族的很多传统刑罚。《魏律》对《唐律》有很大的影响，是唐朝律令的先驱，也是后来隋唐帝国承袭自北朝的另一个重要元素。

孝文帝的汉化改革改到深入骨髓的，应当要属“宗庙郊祭”，因为这是涉及祖先是谁，以及如何祭拜祖先的重大问题。鲜卑族每年最重要的祭典是“西郊祀天”，这显然是古代中国东北民族的传统文化。按照人类学和民族志的记录，一直到现代，西伯利亚东部地区都还保留了非常浓厚的萨满教传统。萨满教的核心思想是，在我们生活的现实世界之上，存在着另一个神灵的世界，而且可以通过“萨满”或灵巫的超自然能力往来沟通这两个世界。“萨满”或灵巫就是两个世界之间的使者。

同样来自古代东北地区的拓跋鲜卑部族，原本“西郊祀天”的主角就是灵巫，巫在拓跋氏的传统社会中地位很高，角色也很重要。然而孝文帝元宏推行汉化改革，毫不客气地废止了“西郊祀天”，这意味着将部落的精神和信仰基础都放弃了，取而代之的是中原汉文化里的“宗庙”。孝文帝将拓跋珪奉为开国之主，以拓跋珪为首，排列出北魏政权的“太庙”。

如此激烈的改革举措，当然会让许多人不习惯、不愉快，这应该在孝文帝元宏的预料之中。不过让他意外的是，反对汉化的阵营中，一个关键人物竟然是他的儿子，他自己拔擢、御立的太子元恂。太子元恂反对汉化的态度传扬出去，很自然，所有不愿接受汉化的贵族势力，包括穆泰、陆叡等人，都齐聚到太子身边，成为一股势力。

《魏书》中记录：“恂不好书学，体貌肥大，深忌河洛暑热，意每追乐北方。中庶子高道悦数苦言致谏，恂甚衔之。高祖幸崧岳，恂留守金墉，于西掖门内与左右谋，欲召牧马轻骑奔代，手刃道悦于禁中。”元恂不喜欢汉人的生活，也不习惯南方的气候，总是想回北方恢复原有的部落生活。有一次，孝文帝元宏去祭嵩山，这显然又是遵循汉人的政治仪式，要太子留守洛阳，元恂就趁机与身边的人计划，杀了经常站在汉化立场劝自己的高道悦，然后带着人马奔回平城。

这个举动的含义显然没那么简单，太子不仅放弃父亲给他的留守任务，而且跑到北方旧都另有图谋。进一步的图谋被阻止了，于是，孝文帝下了一道措辞极其严厉的诏书，宣布废黜太子，后来又将元恂赐死。

本质上，这是一场以太子为首的流产了的政变。元恂失败之后，穆泰和陆叡试图在平城另立皇帝。他们发动政变的理由很简单、很清楚，从他们的民族立场来看，孝文帝本质上已经变成一个"外国人"，一个不再认同鲜卑拓跋氏的"外国人"不适合领导北魏政权。

要到进一步平定了穆泰与陆叡的动乱，鲜卑拓跋氏族内才有比较稳定的和平秩序。

07

孝文帝对鲜卑社会阶层的改造

这些都是汉化改革过程中，孝文帝付出的代价，就是失去太子、差点连帝位都不保的政治代价。为此，孝文帝获得了什么呢？

首先，他获得了北方汉人世家大族的支持。我们不能小看这项收获。假设元宏本来就是个汉人，他凭借武力在北方建立了政权，能够统治这些北方的世家大族；这些世家大族虽然不敢反抗元宏，却仍然抱着虚与委蛇的态度，表面配合统治，内心里却不可能真正合作。

然而，正因为元宏不是汉人，却在进入洛阳之后，通过一系列举措决然地认同汉人，就使得这些世家感动于他的诚意，对他也有了很不一样的态度。元宏安排自己还有自己的六个弟弟，都与北方的世家大族联姻，联姻的对象包括范阳卢氏、清河崔氏、荥阳郑氏、太原王氏和陇西李氏等。

这些大族被元宏选定，在生活、文化和血统等方面对鲜卑人进行汉化。这些大族震慑于鲜卑的武力，更重要的是对元宏努力争取汉人认同的做法有感，于是对与北魏皇家联姻，就不会有什么排斥。

在与汉人大族通婚的同时，元宏还以汉人的门第结构，重整鲜卑人的贵族系统。他要求鲜卑人"自定姓族"。"自定姓族"有两个层次，比较简单的层次是模仿汉人社会阶层，分别出鲜卑人中间的贵胄与寒门，按照姓族的血统关系排列高下，比如陪拓跋氏一起打天下的，有所谓的"鲜卑八姓"，他们就优先成立"姓族"。

比较麻烦的层次则是，在未来的人才晋用上，都要"以姓族取士"。高官或好位子从此之后只能由"姓族"的子弟来担任；不在"姓族"之列，或所属"姓族"地位低的人，从此之后就只能担任较低的职务。

这就相当于要由上而下，以人为的方式，在短时间内复制汉人从东汉末年至今经过很长时期才孕育发展出的政权与"门第"之间的关系。旧有的"鲜卑八姓"过去固然已经是贵族，但在鲜卑的传统制度里，他们与其他家族之间没有那么大的距离，他们原本并不拥有大到可以垄断政治权力和官员晋用渠道的特权。汉人的门第是先有家族的发展，当家族势力大到一定程度，在追求家族利益的驱动下，他们逐渐侵夺朝廷用人的权力，以至于到垄断、排斥其他人的地步。

把两个历史渊源对照来看，元宏的做法很奇怪，他不是出于维护门第特权的私心才考虑扩权。奇怪的地方在于朝廷故意缩小了“取才”的范围，规定只能从这几个“姓族”中去“取才”。这种做法甚至扭曲、违背了“取才”的原意——“取才”重点不是应该在“才”上，选拔有才能的人为朝廷所用吗？但这种制度却是在考虑“才”之前，先考虑出身，只有少数几个指定的姓族里出来的“才”才算数。

这种做法和制度很奇怪，但从历史上看，它却对北魏政治产生了正面的影响。重要的是，从此之后，鲜卑人也有了明确的门第区分，可以与汉人的门第匹配。也就是说，元宏在很短时间内成功地创造出鲜卑人的上层社会，这个社会可以“门当户对”地去和汉人的上层社会交流互动，于是借由阶层融合产生了一个跨越民族界限的新团体，他们是这个政权最主要的支持力量。

新的门第团体中，有鲜卑人，有汉人，属于门第的鲜卑人与同属门第的汉人之间关系的亲密程度，很快就超越了与其他不属于门第且社会阶层较低的鲜卑人之间的关系。同样，门第汉人与寒族汉人的关系，远不如门第汉人与门第鲜卑人之间的关系紧密。

如此，孝文帝元宏成功地在洛阳创建了一套能够有效统治汉人的权力运作机制。从历史记载来看，他能构想出如此庞大而又具革命性的政策，其性格必然极度强悍；而他又真能落实推动这样的变革，显然他的性格中又有极其细腻的部分。一个人身上二者兼具，是很少见的领导人特质，这使他成为一个耀眼的历史人物。

不过，单从政策带来的结果看，我们对孝文帝元宏的评价必然是要有所保留的。从北魏王朝的角度看，如果他没有制定、推动那么激烈的政策，这个王朝存在的时间应该会长一点。比如，迁都到邺城而不是洛阳，不是全盘汉化而是先在鲜卑族内部有所区分地渐进汉化，这对北魏政权应该都是更加正面、更加健康的做法。

然而换一个角度，以更长远的眼光看，孝文帝的做法维系了中原汉人文化的延续性，大幅减缓外族入主中原对原本汉人社会的剧烈冲击，同时也为往后政府在战乱过后稳定生产和分配资源创建了一种制度，为后世的发展奠定了不可或缺的基础。他埋下了北魏分裂和衰亡的种子，却大大地有功于后来的隋唐帝国。

08

鲜卑贵族内部的分裂

从军事和经济角度而言，北魏迁都的合理选择应该是邺城，而孝文帝为了拉拢汉人，却继续往南到了洛阳，并定都于此。孝文帝的做法一方面有效地争取了汉人世家大族对政权的支持，另一方面却在军事上制造了难以解决的麻烦。

麻烦之一是洛阳靠近南朝疆域范围，这样一来，北魏与南朝的关系必定变得很紧张。是否挥军南下，征服南朝，对北魏而言，从此就成了巨大的诱惑，也是难以回避的问题。不过，北魏更大的麻烦，还不在南方，而在北方。

南迁到洛阳没多久，北方就发生了“六镇之乱”。“六镇”分布在今内蒙古一带，分别是“沃野”“怀朔”“武川”“抚冥”“柔玄”“怀荒”这六镇。“镇”是军事防卫机构，这六镇是北魏为了防范柔然侵扰而设置的，而派驻在“六镇”的防卫将领，大部分都是鲜卑贵族，有的甚至就是来自“鲜卑八姓”。

他们本来在北方担负着保卫鲜卑根据地的重要任务，然而自从孝文帝迁都洛阳之后，情况却急剧改变。这些没有跟随孝文帝迁往南方的鲜卑贵族，在“分辨姓族”的过程中明显被遗落、被边缘化了，一来他们无法参与南方新形成的门第团体，二来他们也利用不上姓族给予他们的在人才晋用上的好处，因为他们的子弟都远在北方边境，要如何到洛阳当官呢？于是，相较而言，同为贵族，他们的贵族身份和地位其实是在快速地贬值。

迁都洛阳之后，戍守北方的这些人必然越来越远离朝廷政治中心，更进一步，他们与其他南迁的鲜卑贵族的隔阂也越来越深。在这个过程中，这种疏离感，一来必然在这些北方鲜卑贵族心中制造出“相对被剥夺感”，觉得自己受到了不公平的待遇；二来又必然使得南方鲜卑贵族产生出“相对优越感”，越来越觉得与北方鲜卑贵族不是一个层级的，于是北方鲜卑贵族又一定会因为感受到南方鲜卑贵族的歧视而越发愤愤不平。

逐渐地，从南方本位立场出发，南方鲜卑贵族就将北方鲜卑人都看低了，从而产生了“代来寒人”的说法。“代”泛指北方，“寒人”则是称呼“寒门”或“寒族”社会阶层的人，合起来的意思是“从北方来的地位比较低的人”。在南方新门第看来，从北方来的人越看越不称头，像乡下的穷亲戚，他们说的是鲜卑话，可能连“正音”都不会说；他们穿的是鲜卑服，完全错过了以洛阳为中心的时代大变化，彻底落伍了。这种无法与汉人大族往来，上不了门第阶层台面的人，怎么还能算是贵族呢？

这时候，只要是北方来的人，在南方的鲜卑人眼里都成了“寒人”。这种歧视显然给“六镇”的人带来很大的伤害。而且在南方，农业民族的习惯和价值观念渗透生活的程度越来越深。前文提到过，未迁都时，鲜卑人中就已经到处传唱“悲平城”了，当他们进入洛阳之后，这些鲜卑人就更不会想恢复北方的那种生活了。

大量吸收汉人法律观念而形成的《魏律》，则更加恶化了二者之间的割裂情况。《魏律》中革除了游牧民族原有的许多刑罚方式，改以汉人的方式，给予罪犯一种仅次于死刑的严重惩罚，就是强迫犯人流徙北方出戍。犯了大罪的人勉强不死，就被放逐到边境了。于是，原来的“六镇”附近成了犯人的流放地，充斥着罪犯，这样又在实质上让“六镇”的地位降低。

“六镇”的情况越来越糟，造成的直接后果就是北魏对柔然的防卫力量随之每况愈下。

09

内有“胡太后之乱”，外有“六镇之乱”

“六镇之乱”发生在公元523年，当时柔然的领袖阿那瓌突然带领大军南侵，“六镇”完全抵挡不住，其中沃野镇发生了鲜卑人内讧和造反的事情。本来应该面向北方防卫柔然的“六镇”部队，在柔然庞大的军事压力之下，竟然调转方向，向南方进军。

已经许久没有认真经营北方边境的洛阳朝廷，霎时一片慌乱，仓皇之际定了一个当时朝廷上下认为唯一可行的解围之计。眼看“六镇”兵力不断南下，洛阳的朝廷就派人去联络阿那瓌，请他们从后面追击“六镇”部队。

北魏原本的边境防御格局，这下子彻底颠反过来了，应该防卫柔然的“六镇”不抵抗柔然入侵，却将矛头对准自己的官员和自己的朝廷。朝廷在阻止不了“六镇”叛乱的情况下，又反过来拜托柔然帮忙夹击“六镇”。

这就引发了连锁反应，造成一团大乱，“六镇”民兵走到哪里，哪里就一片残破。这些“六镇”民兵仇恨、反抗的对象有二：一是迁到洛阳的北魏朝廷，相当于背叛了他们，不再能让他们效忠；另一个是汉人，正是因为孝文帝亲近汉人，推动汉化，他们才落到这样的悲惨田地。

既反朝廷又反汉人，“六镇”的势力南下，就不仅与官军产生冲突，而且沿路找汉人报复，造成河北地区汉人社群的大恐慌、大骚动。“六镇”在边境的待遇太差，他们丧失了与柔然作战的意志，转而“就食”于河北，他们进入河北之后，又逼着受害的汉人必须逃走。他们能逃去哪里？只能逃到“山东”，也就是太行山以东的地区，然而“六镇”民兵尾随在后，也跟着进入了“山东”。

这些“六镇”民兵汉化和农业化的程度很低，进入河北烧杀劫夺，逼走了汉人之后，他们也无法在土地上进行生产，只能跟随逃亡的人也往山东去。本来是一群“六镇”民兵往南流窜，后来却造成了北魏国境大范围的百姓流离失所。其骚乱规模和破坏程度，超过了当时北魏朝廷所能应对的程度。

“六镇之乱”在时间上延续甚久，在空间上范围广阔，我们甚至可以推论，北魏后来分裂为东魏、西魏，再变化为北齐、北周，源头就在“六镇之乱”。而“六镇之乱”延续甚久，一部分也因为这时候北魏朝廷陷入了另一个内部动乱之中。“六镇之乱”发生时，北魏正经历“胡太后之乱”。公元 515 年，北魏孝明帝即位，但因年幼，所以胡太后临政，掌握实际权力。公元 528 年，孝明帝去世，胡太后为了继续掌握权力，竟然将孝明帝的女儿假扮成皇子推上皇帝位子，几天之后又改立临洮王的幼子为帝。在宫廷夺权的一片混乱之中，胡太后和幼主都被军事将领尔朱荣杀了。

10

尔朱荣登上北魏历史舞台

突然登上北魏历史舞台搅局的这位尔朱荣，甚至不是鲜卑人，而是契胡。契胡族生活在今山西、陕西一带，是没有充分农业化的部族，被北魏征服，受北魏的羁縻，但仍然拥有庞大的畜牧牲畜群。契胡号称有八千部落，尔朱荣动员部族势力，趁北魏内外扰乱之时，控制了洛阳的政权。因为农业化和汉化程度较低，尔朱荣进入洛阳，又给洛阳及附近地区带来破坏，当然，更大的问题在于，尔朱荣控制了洛阳，难以应付“六镇之乱”引发的“河北之乱”，于是河北的骚动又扩大恶化而有了“山东之乱”。

“六镇之乱”加“胡太后之乱”再加“尔朱荣之乱”，北魏后期在一连串乱局中得以恢复稳定，一个暂时的安定局面重现，主要是依靠了两个人的两股势力，就是高欢和宇文泰带领的势力。

传统上人们认定高欢在血缘上是汉人，他的祖父因犯罪被流徙到北方，与鲜卑人混居，而有了“贺六浑”这个鲜卑名。不过史书也多有记录，表明高欢带有强烈的鲜卑族姓认同，对别人批评辱骂鲜卑会产生很强烈的反应。不论他在血统上是汉人还是胡人，一个明确的事实是，高欢在“六镇”的环境中长大，出身“六镇”中的怀朔镇户。当时，尔朱荣无法处理流窜的“六镇”民兵，就派了从“六镇”出身的高欢去带领一部分“六镇”民兵。

“六镇”民兵由北而南，一路也经历了许多不同的首领，而高欢的不一样之处，首先，他是明确的“六镇”出身；其次，他制定了清晰的策略。高欢明白，以原有的方式对待汉人，“六镇”民兵所到之处便造成汉人离散流亡，绝对不是什么好事。所以他颁布了一个严格的戒令，那就是“不得欺汉儿”。

《北齐书》如此记录高欢说的话：“尔乡里难制，不见葛荣乎？虽百万众，无刑法，终自灰灭。今以吾为主，当与前异，不得欺汉儿，不得犯军令，生死任吾则可，不尔不能为，取笑天下。”他对这些民兵的要求只有两点，一是“不得犯军令”，另一点同等强调的就是“不得欺汉儿”。在这之后，史书中的记载就是，高欢两面安抚，对“六镇”民兵说，不要杀汉人，不要扰乱汉人，让他们安居种田，我们才有东西吃；对汉人农户说，要把粮食拿出来，分给民兵吃，他们吃饱了去帮你们打仗，保护你们，不然你们要如何继续住在这里，继续农业生产呢？

在那个历史环境中，高欢凭借难得的能力，创造出民兵和农户对共同利益的认知和理解，他不仅顺利地带领这二十万户民兵，而且稳定了周围的农民，然后就凭借这二十万户的军事实力建立了雄厚的政治基础。二十万户民兵当然是一股极为庞大的力量，过去没有人能将这些人有效地组织起来，尤其是没有能力养活这批民兵。高欢成功地找到了这支军队与农业生产之间的关联，在这样的基础上，他介入北魏朝政，扶立了自己选择的傀儡皇帝。

北魏正式存在的时间，大约是一百五十年，但前后却有十五个皇帝（不算后世追崇和叛乱称帝的），平均每个皇帝在位时间约十年，若是把后来分裂的"东魏""西魏"的皇帝也算进去，我们就能看到皇帝换得是多么频繁了。这反映出朝政的不稳定，而后期的几个皇帝几乎都没有实权，是被放在皇位上的傀儡，当然也很容易就被换下来或被推翻。

高欢掌握了北魏朝廷部分权力，就将国都迁到邺城，建立了"东魏"。

11

宇文泰的崛起和北齐、北周的对峙

还有一股势力是“西魏”的宇文泰。“宇文”这个姓源自鲜卑族中的一个大姓，一度很有势力，然而在鲜卑慕容氏崛起过程中，就丧失了独立的地位，被迫服从、依附于慕容氏。慕容氏大举进入中原，建立了“前燕”和“后燕”，就带了许多宇文氏族人进入中原。在这个过程中，宇文氏逐渐获得了在鲜卑族中的特殊角色和地位，他们具备参与国政的丰富经验，是朝廷不可或缺的统治助手。

因为有这样的名声，拓跋氏建国时也拉拢了宇文氏，于是，宇文氏与其他鲜卑大姓势力一起驻守在“六镇”。这样的背景也是后来北魏分裂为东魏、西魏，以致后来分别建立北齐、北周的重要因素。作为鲜卑传统贵族的宇文氏，自然看不起以流离罪人身份到北方之后才加入“六镇”的高欢。相较于宇文氏，高家原本的地位确实很低。

宇文泰出身武川镇。“六镇之乱”的过程中，葛荣带领一批人往南走，这部分势力后来转入了高欢之手；有一群人却没有走，而是留在了北方。但他们的遭遇也很惨，因为朝廷无法继续支持他们的生计，就让他们自己迁到河北“就食”。宇文泰就是领导了这群其实并不想反叛朝廷，对朝廷仍然维持原有的效忠态度，却被朝廷命令迁往河北去的人。但他们进入河北之后，朝廷也没有安排他们“就食”，没有现成的生计，所以他们实际上仍然是流民，仍然会与当地的汉人因抢食而发生冲突。最后，本来没打算造反的这批人，也站在了反抗北魏朝廷的立场。

宇文泰所带的这群人，人数较少，之前没有与柔然打过仗，后来也没有与北魏的军队打仗，相对而言保存了较大的实力，这批人后来成为西魏政权的骨干。

东魏的皇帝本来就是高欢立的傀儡，后来高氏轻松篡夺政权，建立了“北齐”。西魏的政权则从元氏手中转到宇文氏手中，宇文泰建立了“北周”。北齐、北周都学习并继承了北魏基本的政治理念和一些基本的制度，比如，无论掌权者来历如何，无论他们是用什么手段取得的政权，他们建立朝廷之后一定都会费心重整“均田制”，因为这是国家最主要的财源，是国家的命脉所在。

北周还建立了“府兵制”，解决了北魏遗留下来的军事问题，而后来隋能够由北而南统一中国，以及唐能够在隋末乱局中脱颖而出，他们凭借的都是“府兵”提供的稳定而充裕的兵源。事实上，不仅是兵制，还有其他很多领域，隋唐的发展都是建立在从北魏到北齐、北周的这段历史经验上的。没有北魏奠定的基础，隋唐帝国是不可能出现的；换言之，要理解隋唐，必须先理解北魏。这也是接下来在下一册里，我们要叙述和分析的关键内容。